Wörterbuch
für Grundschulkinder

Karl Söhl

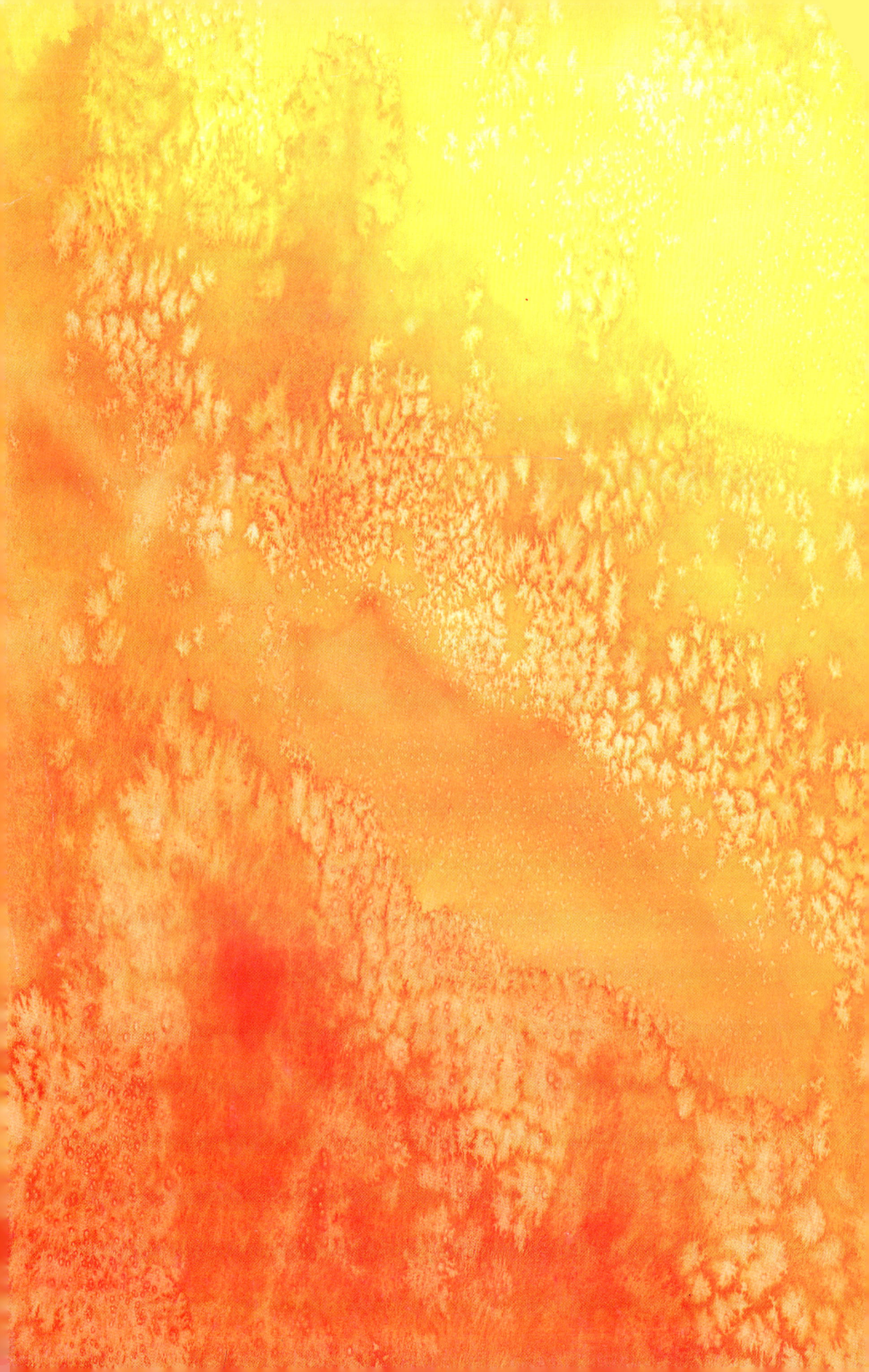

A a

der **Aal**, die Aale
der **Aasgeier**
> ab
> Ab

die **Abbildung**, die Abbildungen
das **Abblendlicht**
abbrechen,
er bricht ab, er brach ab
das **Abc**
der **Abend**, die Abende,
eines Abends, heute Abend
das **Abendbrot**
das **Abendessen**
abends
das **Abenteuer**, die Abenteuer
aber
abfahren,
du fährst ab, sie fuhr ab
die **Abfahrt**, die Abfahrten
der **Abfall**, die Abfälle
die **Abfallvermeidung**
abfliegen,
du fliegst ab, er flog ab
abgeben,
du gibst ab, sie gab ab
> ab ge

abgehetzt
abgelenkt
abgemacht
abgucken, du guckst ab
der **Abhang**, die Abhänge
abholen, du holst ab
das **Abitur**
sich **abkühlen**, du kühlst dich ab
die **Abkürzung**, die Abkürzungen
abnehmen,
du nimmst ab, er nahm ab

abreisen, du reist ab
(aus dem Urlaub abreisen)
abreißen,
du reißt ab, er riss ab
(ein Kalenderblatt abreißen)
der **Absatz**, die Absätze
abschalten, du schaltest ab
abscheulich
der **Abschied**
abschließen,
du schließt ab, sie schloss ab
abschneiden,
du schneidest ab, er schnitt ab
abschreiben,
du schreibst ab, sie schrieb ab
abseits
absenden,
du sendest ab, er sandte ab
der **Absender**, die Absender
absichtlich
abspringen,
du springst ab, sie sprang ab
abspülen, du spülst ab
der **Abstand**, die Abstände
abstürzen, du stürzt ab
das **Abteil**, die Abteile
abwärts
das **Abwasser**, die Abwässer
abwechseln, du wechselst ab
abwechselnd
abwehren, du wehrst ab
abzählen, du zählst ab
das **Abziehbild**, die Abziehbilder
ach!
die **Achse**, die Achsen
die **Achsel**, die Achseln
acht, achtmal

3

A a

	achten, du achtest
die	Achterbahn
	Acht geben,
	du gibst Acht, er gab Acht
	achtzehn
	achtzig
der	Acker, die Äcker
die	Action (sprich: äkschn)
	addieren, du addierst
die	Addition, die Additionen
	ade
die	Ader, die Adern
das	Adjektiv, die Adjektive
der	Adler, die Adler
	adoptieren, du adoptierst (ein Kind adoptieren)
die	Adresse, die Adressen
die	Adria
der	Advent
die	Adventsfeier
der	Affe, die Affen
	Afrika
der	Afrikaner
die	Afrikanerin
	afrikanisch
die	AG (Abkürzung für Arbeitsgemeinschaft), die AGs
	aggressiv
	aha!
	ahnen, du ahnst etwas
	ähnlich
die	Ahnung
der	Ahorn, die Ahornbäume
die	Ähre, die Ähren
das	Aids (sprich: eds)
das	Akkordeon, die Akkordeons
der	Akku, die Akkus
der	Akkusativ
der	Akrobat
die	Akrobatin
die	Aktion, die Aktionen
	aktiv
	aktuell
der	Alarm
	alarmieren, du alarmierst
	albern
das	Album, die Alben
der	Alkohol
	alkoholfrei
	Allah
	alle, alles
die	Allee, die Alleen
	allein
die	Allergie, die Allergien
	Allerheiligen
	allmählich
die	Alpen
das	Alphabet
	alphabetisch
	als
	also
	alt, älter, am ältesten
der	Altar, die Altäre
das	Alter
die	Alufolie, die Alufolien
	am
der	Amateur, die Amateure
die	Ameise, die Ameisen
	Amerika
der	Amerikaner
die	Amerikanerin
	amerikanisch
die	Ampel, die Ampeln
die	Amsel, die Amseln

4

A a

- das **Amt**, die Ämter
- sich **amüsieren**, du amüsierst dich
- an
- An
- die **Ananas**, die Ananas, auch: die Ananasse
- **anbieten**, du bietest an, er bot an
- der **Anblick**
- **anbrennen**, es brennt an, es brannte an
- **andächtig**
- **andauernd**
- das **Andenken**, die Andenken
- **andere**
- **ändern**, du änderst
- **anders**
- **aneinander**
- **anfahren**, du fährst an, sie fuhr an
- der **Anfall**, die Anfälle
- der **Anfang**, die Anfänge
- **anfangen**, du fängst an, er fing an
- **anfangs**
- der **Anfangsbuchstabe**
- **anfassen**, du fasst an
- **anfeuern**, du feuerst an
- **angeben**, du gibst an, sie gab an
- der **Angeber**, die Angeber
- **angeblich**
- das **Angebot**, die Angebote
- die **Angel**, die Angeln
- **angeln**, du angelst
- **angenehm**

- der **Angestellte**
- die **Angestellte**
- die **Angina**
- **angreifen**, du greifst an, sie griff an
- der **Angriff**, die Angriffe
- die **Angst**, die Ängste
- **ängstlich**
- **angucken**, du guckst an
- **anhalten**, du hältst an, er hielt an
- der **Anhänger**, die Anhänger
- **anhänglich**
- der **Anker**, die Anker
- **ankommen**, du kommst an, sie kam an
- **ankreuzen**, du kreuzt an
- die **Ankunft**
- die **Anlage**, die Anlagen
- der **Anlauf**, die Anläufe
- sich **anlehnen**, du lehnst dich an
- **anmalen**, du malst an
- sich **anmelden**, du meldest dich an
- **annehmen**, du nimmst an, er nahm an
- die **Annonce**, die Annoncen
- der **Anorak**, die Anoraks
- der **Anruf**, die Anrufe
- **anrufen**, du rufst an, sie rief an
- **ansagen**, du sagst an
- der **Ansager**
- die **Ansagerin**
- **anschauen**, du schaust an
- **anscheinend**
- **anschließend**
- der **Anschluss**, die Anschlüsse

A a

sich **anschnallen**,
du schnallst dich an
die **Anschrift**, die Anschriften
ansehen,
du siehst an, er sah an
die **Ansichtskarte**
anständig
anstatt
sich **anstecken**, du steckst dich an
ansteckend
sich **anstrengen**,
du strengst dich an
anstrengend
die **Antenne**, die Antennen
der **Antrag**, die Anträge
die **Antwort**, die Antworten
antworten, du antwortest
anwenden,
du wendest an, sie wandte an
anwesend
die **Anzeige**, die Anzeigen
anziehen,
du ziehst an, er zog an
der **Anzug**, die Anzüge
anzünden, du zündest an
der **Apfel**, die Äpfel
das **Apfelmus**
die **Apfelsine**, die Apfelsinen
die **Apotheke**, die Apotheken
der **Apparat**, die Apparate
der **Appetit**, guten Appetit
appetitlich
der **Applaus**
die **Aprikose**, die Aprikosen
der **April**
das **Aquarium**, die Aquarien
die **Arbeit**, die Arbeiten

arbeiten, du arbeitest
der **Arbeiter**
die **Arbeiterin**
arbeitslos
der **Architekt**
die **Architektin**
arg, ärger, am ärgsten
der **Ärger**, Ärger haben
ärgerlich
sich **ärgern**, du ärgerst dich
das **Argument**, die Argumente
arm, ärmer, am ärmsten
der **Arm**, die Arme
das **Armaturenbrett**
der **Ärmel**, die Ärmel
die **Art**, die Arten
artig
der **Artikel**, die Artikel
der **Artist**
die **Artistin**
die **Arznei**, die Arzneien
der **Arzt**, die Ärzte
die **Ärztin**, die Ärztinnen
die **Asche**
der **Aschermittwoch**
der **Asiat**
die **Asiatin**
asiatisch
Asien
der **Asphalt**
er **aß** - essen
der **Ast**, die Äste
die **Aster**, die Astern
der **Astronaut**
die **Astronautin**
der **Asylbewerber**
die **Asylbewerberin**

6

A a

der	**Atem**
	atemlos
der	**Athlet**
die	**Athletin**
der	**Atlantik**,
	der Atlantische Ozean
der	**Atlas**, die Atlanten,
	auch: die Atlasse
	atmen, du atmest
das	**Atom**, die Atome
die	**Atombombe**
das	**Atomkraftwerk**
das	**Attest**, die Atteste
	au!
	auch

auf
Auf

aufbewahren,
du bewahrst auf
aufdringlich
aufeinander
die **Auffahrt**, die Auffahrten
auffallen,
du fällst auf, er fiel auf
auffällig
auffordern, du forderst auf
die **Aufgabe**, die Aufgaben
der **Aufgang**, die Aufgänge
aufgehen,
sie geht auf, sie ging auf

auf ge

aufgeregt
aufgeweckt
aufhalten,
du hältst auf, er hielt auf
aufheben,
du hebst auf, sie hob auf

aufhören, du hörst auf
der **Aufkleber**, die Aufkleber
der **Auflauf**, die Aufläufe
aufmachen, du machst auf
aufmerksam
die **Aufnahme**, die Aufnahmen
die **Aufnahmeprüfung**
aufpassen, du passt auf
aufräumen, du räumst auf
aufregend
die **Aufregung**, die Aufregungen
aufsagen, du sagst auf
der **Aufsatz**, die Aufsätze
aufschlagen,
du schlägst auf, sie schlug auf
aufschließen,
du schließt auf, er schloss auf
der **Aufschnitt**
die **Aufsicht**
aufstehen,
du stehst auf, er stand auf
der **Auftrag**, die Aufträge
auftreten,
du trittst auf, sie trat auf
aufwachen, du wachst auf
aufwärts
aufwecken, du weckst auf
aufziehen,
du ziehst auf, er zog auf
der **Aufzug**, die Aufzüge
das **Auge**, die Augen
der **Augenblick**
die **Augenbraue**, die Augenbrauen
das **Augenlid**, die Augenlider
der **August**
die **Aula**, die Aulen,
auch: die Aulas

A a

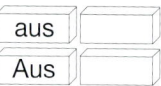

ausbessern, du besserst aus
die Ausbildung, die Ausbildungen
ausbrechen,
du brichst aus, er brach aus
ausbreiten, du breitest aus
die Ausdauer
ausdauernd
auseinander
der Ausflug, die Ausflüge
ausführlich
der Ausgang, die Ausgänge
ausgeben,
du gibst aus, er gab aus

aus ge

ausgefranst
ausgehen,
du gehst aus, sie ging aus
ausgerechnet
ausgezeichnet
aushalten,
du hältst aus, er hielt aus
aushecken, du heckst aus
aushöhlen, du höhlst aus
die Auskunft, die Auskünfte
auslachen, du lachst aus
der Ausländer
die Ausländerin
ausländisch
ausleihen,
du leihst aus, er lieh aus
auslöffeln, du löffelst aus
die Ausnahme, die Ausnahmen
ausnahmsweise
ausprobieren,
du probierst aus

der Auspuff, die Auspuffe
ausrechnen, du rechnest aus
die Ausrede, die Ausreden
ausreichend
der Ausreißer
der Ausrufesatz, die Ausrufesätze
das Ausrufezeichen
sich ausruhen, du ruhst dich aus
ausrutschen, du rutschst aus
der Ausschlag, die Ausschläge
außen
außer
außerdem
außerhalb
sich äußern, du äußerst dich
die Aussicht, die Aussichten
aussichtslos
aussteigen,
du steigst aus, sie stieg aus
die Ausstellung, die Ausstellungen
aussuchen, du suchst aus
Australien
der Australier
die Australierin
australisch
auswärts
der Ausweis, die Ausweise
auswendig
ausziehen,
du ziehst aus, er zog aus
das Auto, die Autos
die Autobahn
das Autogramm, die Autogramme
der Automat, die Automaten
automatisch
autsch!
die Axt, die Äxte

8

B b

das **Baby** (sprich: *bebi*),
die Babys
der **Bach**, die Bäche
die **Backe**, die Backen
backen,
du backst, auch: du bäckst
der **Backenzahn**,
die Backenzähne
der **Bäcker**
die **Bäckerei**, die Bäckereien
die **Bäckerin**
der **Backofen**, die Backöfen
das **Bad**, die Bäder
baden, du badest
Baden-Württemberg
die **Badewanne**
badisch
der **Bagger**, die Bagger
die **Bahn**, die Bahnen
der **Bahnhof**, die Bahnhöfe
der **Bahnsteig**, die Bahnsteige
die **Bahre**, die Bahren
die **Bakterie**, die Bakterien
balancieren, du balancierst
bald
sich **balgen**, du balgst dich
der **Balken**, die Balken
der **Balkon**, die Balkons,
auch: die Balkone
der **Ball**, die Bälle
das **Ballett**
der **Ballon**, die Ballons,
auch: die Ballone
die **Banane**, die Bananen
sie **band** - binden
der **Band**, die Bände
(ein Band des Lexikons)

das **Band**, die Bänder
(bunte Bänder)
die **Band** (sprich: *bänt*),
die Bands
(eine erfolgreiche Band)
die **Bande**, die Banden
(eine schlimme Bande)
bang, auch: bange
die **Bank**, die Bänke
(auf der Bank sitzen)
die **Bank**, die Banken
(bei der Bank Geld holen)
bar
der **Bär**, die Bären
barfuß
das **Bargeld**
das **Barometer**, die Barometer
der **Barren**, die Barren
barsch
der **Bart**, die Bärte
der **Basar**, die Basare,
auch: der Bazar
der **Basketball**, die Basketbälle
der **Bass**, die Bässe
das **Bassin** (sprich: *bassäng*),
die Bassins
basteln, du bastelst
er **bat** - bitten
die **Batterie**, die Batterien
der **Bauch**, die Bäuche
bauen, du baust
der **Bauer**, die Bauern
die **Bäuerin**, die Bäuerinnen
der **Baukasten**, die Baukästen
der **Baum**, die Bäume
der **Baumstamm**,
die Baumstämme

9

B b

der **Bauplatz**, die Bauplätze
Bayern
bayrisch, auch: bayerisch
der **Bazar**, die Bazare,
auch: der Basar
der **Bazillus**, die Bazillen

| be |
| Be |

beachten, du beachtest
der **Beamte**
die **Beamtin**
beantragen, du beantragst
beben, es bebt
der **Becher**, die Becher
das **Becken**, die Becken
bedächtig
sich **bedanken**, du bedankst dich
bedauern, du bedauerst
bedeuten, es bedeutet
bedeutend
die **Bedienung**, die Bedienungen
bedrohlich
sich **beeilen**, du beeilst dich
beeindruckt
beenden, du beendest
die **Beerdigung**,
die Beerdigungen
die **Beere**, die Beeren
das **Beet**, die Beete
(Blumenbeet)
sie **befahl** - befehlen
er **befand sich** - sich befinden
der **Befehl**, die Befehle
befehlen,
du befiehlst, sie befahl
du **befiehlst** - befehlen

sich **befinden**, du befindest dich,
er befand sich
befreundet
befriedigend
die **Befruchtung**
begabt
er **begann** - beginnen
begegnen, du begegnest
begeistert
der **Beginn**
beginnen,
du beginnst, er begann
begleiten, du begleitest
der **Begleiter**, die Begleiter
beglückwünschen,
du beglückwünschst
begonnen
begreifen,
du begreifst, sie begriff
sie **begriff** - begreifen
der **Begriff**, die Begriffe
begründen, du begründest
begrüßen, du begrüßt
behaart
behaglich
behalten,
du behältst, er behielt
der **Behälter**, die Behälter
du **behältst** - behalten
behandeln, du behandelst
die **Behandlung**,
die Behandlungen
beharrlich
behaupten, du behauptest
die **Behauptung**,
die Behauptungen

10

B b

sich **beherrschen**,
du beherrschst dich
beherzt
er **behielt** - behalten
behilflich
behindern, du behinderst
behindert
die **Behinderung**,
die Behinderungen
behüten, du behütest
behutsam

| bei | |
| Bei | |

die **Beichte**, die Beichten
beichten, du beichtest
beide
beieinander
der **Beifahrer**
die **Beifahrerin**
der **Beifall**
beige (sprich: *beesch*)
das **Beil**, die Beile
das **Bein**, die Beine
beinah, auch: beinahe
beisammen
beiseite
das **Beispiel**, die Beispiele
(z.B. - zum Beispiel)
beißen, du beißt, er biss
sie **bekam** - bekommen
bekannt
bekommen,
du bekommst, sie bekam
der **Belag**, die Beläge
beleidigen, du beleidigst
beleidigt

die **Beleuchtung**,
die Beleuchtungen
Belgien
der **Belgier**
die **Belgierin**
belgisch
beliebt
bellen, er bellt
belohnen, du belohnst
die **Belohnung**,
die Belohnungen
bemalen, du bemalst
bemerken, du bemerkst
die **Bemerkung**,
die Bemerkungen
sich **bemühen**, du bemühst dich
benachrichtigen,
du benachrichtigst
er **benahm** sich -
sich benehmen
sich **benehmen**, du benimmst
dich, sie benahm sich
beneiden, du beneidest
der **Bengel**, die Bengel
du **benimmst** dich -
sich benehmen
benommen
benötigen, du benötigst
benutzen, du benutzt
das **Benzin**
beobachten, du beobachtest
bequem
beraten, du berätst, er beriet
du **berätst** - beraten
berechtigt
bereit
bereits

11

B b

	bereuen, du bereust
der	Berg, die Berge
	bergab
	bergauf
	bergig
	berichten, du berichtest
	berichtigen, du berichtigst
er	beriet - beraten
	Berlin
der	Berliner
die	Berlinerin
	berücksichtigen, du berücksichtigst
der	Beruf, die Berufe
die	Berufsschule
	beruhigt
	berühmt
	berühren, du berührst
sie	besann sich - sich besinnen
sie	besaß - besitzen
	beschädigen, du beschädigst
	beschäftigen, du beschäftigst
der	Bescheid, Bescheid sagen
	bescheiden
die	Bescheinigung, die Bescheinigungen
	beschließen, du beschließt, sie beschloss
sie	beschloss - beschließen
	beschreiben, du beschreibst, er beschrieb
er	beschrieb - beschreiben
	beschuldigen, du beschuldigst

	beschützen, du beschützt
sich	beschweren, du beschwerst dich
der	Besen, die Besen
	besessen
	besetzt
	besichtigen, du besichtigst
	besiegen, du besiegst
sich	besinnen, du besinnst dich, sie besann sich
	besitzen, du besitzt, sie besaß
	besonders
	besorgen, du besorgst
	besser - gut
sie	bestand - bestehen
	bestanden
die	Bestätigung, die Bestätigungen
das	Besteck, die Bestecke
	bestehen, du bestehst, sie bestand
	bestellen, du bestellst
am	besten - gut
die	Bestie, die Bestien
	bestimmen, du bestimmst
	bestimmt
	bestrafen, er bestraft
der	Bestseller, die Bestseller
der	Besuch, die Besuche
	besuchen, du besuchst
	betäubt
	beten, du betest
der	Beton
	betonen, du betonst
	betrachten, du betrachtest
der	Betrag, die Beträge

12

B b

sich **betragen**, du beträgst dich, sie betrug sich
du **beträgst** dich - sich betragen
sie **betrat** - betreten
betreten, du betrittst, sie betrat
der **Betrieb**, die Betriebe
du **betrittst** - betreten
er **betrog** - betrügen
betrogen
sie **betrug sich** - sich betragen
betrügen, du betrügst, er betrog
das **Bett**, die Betten
die **Bettdecke**
betteln, er bettelt
das **Betttuch**, die Betttücher
die **Beule**, die Beulen
die **Beute**
der **Beutel**, die Beutel
bevor
bewachen, du bewachst
sie **bewarb** sich - sich bewerben
bewegen, du bewegst
beweglich
beweisen, du beweist, er bewies
sich **bewerben**, du bewirbst dich, sie bewarb sich
er **bewies** - beweisen
du **bewirbst** dich - sich bewerben
der **Bewohner**
die **Bewohnerin**

bewölkt
die **Bewölkung**
bewundern, du bewunderst
bewusst
bewusstlos
bezahlen, du bezahlst
die **Bibel**, die Bibeln
die **Bibliothek**, die Bibliotheken
biegen, du biegst, er bog
biegsam
die **Biene**, die Bienen
das **Bier**, die Biere
das **Biest**, die Biester
bieten, du bietest, sie bot
der **Bikini**, die Bikinis
das **Bild**, die Bilder
das **Bilderbuch**, die Bilderbücher
der **Bildschirm**
billig
ich **bin** - sein
binden, du bindest, er band
der **Bindestrich**
der **Bindfaden**, die Bindfäden
die **Biologie**
das **Biotop**, auch: der Biotop, die Biotope
die **Birke**, die Birken
die **Birne**, die Birnen
bis
der **Bischof**, die Bischöfe
bisher
sie **biss** - beißen
ein **bisschen**
bissig
du **bist** - sein
das **Bit**, die Bits

13

B b

     bitte
die **Bitte**, die Bitten
bitten, du bittest, er bat
bitter
die **Blamage**
(sprich: *blamaasche*)
sich **blamieren**, du blamierst dich
blank
blasen, du bläst, sie blies
blass
du **bläst** - blasen
das **Blatt**, die Blätter
blättern, du blätterst
der **Blätterteig**
blau
blauäugig
bläulich
das **Blaulicht**
das **Blech**, die Bleche
das **Blei**
bleiben, du bleibst, sie blieb
bleich
der **Bleistift**
die **Bleistiftmine**
der **Bleistiftspitzer**
blenden, es blendet
der **Blick**, die Blicke
blicken, du blickst
sie **blieb** - bleiben
sie **blies** - blasen
blind
der **Blinddarm**
blinken, es blinkt
das **Blinklicht**, die Blinklichter
blinzeln, du blinzelst
der **Blitz**, die Blitze
blitzschnell

der **Block**, die Blöcke, auch: die Blocks
blöd
blond
bloß
die **Bluejeans** (sprich: *bludschiins*), auch: die Blue Jeans
blühen, es blüht
die **Blume**, die Blumen
der **Blumenstrauß**, die Blumensträuße
die **Bluse**, die Blusen
das **Blut**
die **Blüte**, die Blüten
bluten, du blutest
der **Blütenstaub**
der **Bob**, die Bobs
der **Bock**, die Böcke
bockig
der **Boden**, die Böden
das **Bodenturnen**
er **bog** - biegen
der **Bogen**, die Bogen, auch: die Bögen
die **Bohne**, die Bohnen
bohren, du bohrst
der **Bohrer**, die Bohrer
der **Boiler**, die Boiler
die **Boje**, die Bojen
der **Bolzen**, die Bolzen
der **Bon**, die Bons
das **Bonbon**, auch: der Bonbon, die Bonbons
das **Boot**, die Boote
an **Bord** gehen
borgen, du borgst

14

B b

die	**Borste**, die Borsten	
	bös, auch: böse	
der	**Boss**, die Bosse	
sie	**bot** - bieten	
der	**Bote**, die Boten	
	boxen, du boxt	
er	**brach** - brechen	
sie	**brachte** - bringen	
der	**Brand**, die Brände	
	Brandenburg	
	brandenburgisch	
es	**brannte** - brennen	
	braten, du brätst, sie briet	
der	**Braten**, die Braten	
du	**brätst** - braten	
der	**Brauch**, die Bräuche	
	brauchbar	
	brauchen, du brauchst	
die	**Brauerei**, die Brauereien	
	braun	
die	**Brause**, die Brausen	
die	**Braut**, die Bräute	
der	**Bräutigam**, die Bräutigame	
	brav	
	bravo	
	brechen, du brichst, er brach	
der	**Brei**, die Breie	
	breit	
	Bremen	
die	**Bremse**, die Bremsen	
	bremsen, du bremst	
das	**Bremslicht**	
	brennen, es brennt, es brannte	
die	**Brennnessel**, die Brennnesseln	

das	**Brett**, die Bretter	
die	**Brezel**, die Brezeln	
du	**brichst** - brechen	
der	**Brief**, die Briefe	
der	**Briefkasten**, die Briefkästen	
die	**Briefmarke**	
sie	**briet** - braten	
das	**Brikett**, die Briketts	
die	**Brille**, die Brillen	
	bringen, du bringst, er brachte	
die	**Brise**, die Brisen (eine steife Brise)	
die	**Brombeere**, die Brombeeren	
die	**Bronzemedaille** (sprich: *bronsemedallje*)	
das	**Brot**, die Brote	
das	**Brötchen**, die Brötchen	
der	**Brotlaib**	
der	**Bruch**, die Brüche	
die	**Brücke**, die Brücken	
das	**Brückengeländer**	
der	**Bruder**, die Brüder	
der	**Brühwürfel**	
	brüllen, du brüllst	
	brummen, du brummst	
der	**Brunnen**, die Brunnen	
die	**Brust**, die Brüste	
	brustschwimmen	
	brutal	
	brüten, sie brütet	
der	**Bub**, die Buben	
das	**Buch**, die Bücher	
die	**Buche**, die Buchen	
die	**Bücherei**, die Büchereien	

15

B b

die **Büchse**, die Büchsen
der **Buchstabe**, die Buchstaben
buchstabieren,
du buchstabierst
die **Bucht**, die Buchten
der **Buckel**, die Buckel
sich **bücken**, du bückst dich
buddeln, du buddelst
die **Bude**, die Buden
der **Bug**
der **Bügel**, die Bügel
das **Bügeleisen**
bügeln, du bügelst
die **Bühne**, die Bühnen
der **Bulldog**, die Bulldogs
(Traktor)
die **Bulldogge**, die Bulldoggen
(Hunderasse)
der **Bulle**, die Bullen
der **Bumerang**
bummeln, du bummelst
der **Bundeskanzler**
die **Bundesliga**
die **Bundesrepublik Deutschland**
die **Bundeswehr**
der **Bungalow**
(sprich: *bungalo*),
die Bungalows
bunt
die **Burg**, die Burgen
der **Bürger**
die **Bürgerin**
der **Bürgermeister**
die **Bürgermeisterin**
das **Büro**, die Büros
der **Bursche**, die Burschen

die **Bürste**, die Bürsten
bürsten, du bürstest
der **Bus**, die Busse
der **Busch**, die Büsche
buschig
der **Busen**, die Busen
der **Bussard**, die Bussarde
büßen, du büßt
die **Butter**
butterweich

C c

das **Cabrio**, die Cabrios,
auch: das Kabrio
das **Café**, die Cafés
(ins Café gehen)
die **Cafeteria**, die Cafeterias,
auch: die Cafeterien
campen, du campst
das **Camping**
der **Campingplatz**,
die Campingplätze
der **Caravan**, die Caravans
catchen (sprich: *kätschen*),
du catchst
die **CD**
(Abkürzung für Compact Disc)
der **CD-Player**, die CD-Player
Celsius
der **Champignon**
(sprich: *schampinjon*),
die Champignons
der **Champion**
(sprich: *tschämpjen*),
die Champions
die **Chance** (sprich: *schangse*),
die Chancen
das **Chaos**
chaotisch
der **Chef**, die Chefs
die **Chefin**, die Chefinnen
die **Chemie**
chic, auch: schick
China
chinesisch
der **Chip** (sprich: *tschip*),
die Chips
das **Chlor**
die **Chlorbrille**

der **Chor**, die Chöre
der **Christ**
der **Christbaum**,
die Christbäume
die **Christin**
das **Christkind**
christlich
circa, auch: zirka
der **Circus**, auch: der Zirkus
die **City**, die Citys
clever
die **Clique** (sprich: *klike*),
die Cliquen
der **Clou** (sprich: *kluu*)
der **Clown** (sprich: *klaun*),
die Clowns
der **Club**, die Clubs,
auch: der Klub
cm (Abkürzung für Zentimeter)
die **Cola**, auch: das Cola
der **Colt**, die Colts
der **Comic**, die Comics
der **Computer**, die Computer
der **Container**, die Container
cool (sprich: *kuul*)
die **Cordhose**,
auch: die Kordhose
die **Cornflakes**
die **Couch** (sprich: *kautsch*),
die Couches,
auch: die Couchen
der **Count-down**
(sprich: *kauntdaun*)
der **Cousin** (sprich: *kusäng*),
die Cousins
die **Cousine**, die Cousinen,
auch: die Kusine

17

C c

der **Cowboy** (sprich: *kauboi*),
die Cowboys
die **Creme**, die Cremes,
auch: die Krem oder
die Kreme
das **Curry** (sprich: *körri*),
auch: der Curry
die **Currywurst**
(sprich: *körriwurst*),
die Currywürste

D d

	da
	dabei
das	**Dach**, die Dächer
das	**Dachgeschoss**
die	**Dachrinne**
sie	**dachte** - denken
der	**Dackel**, die Dackel
	dadurch
	dafür
	dagegen
	daheim
	daher
	dahin
	dahinter
	damals
die	**Dame**, die Damen
das	**Damespiel**
	damit
der	**Damm**, die Dämme
der	**Dampf**, die Dämpfe
der	**Dampfer**, die Dampfer
die	**Dampflokomotive**
	danach
der	**Däne**
	daneben
	Dänemark
die	**Dänin**
	dänisch
der	**Dank**, vielen Dank
	danke
	danken, du dankst (für ein Geschenk danken)
	dann
	dar
	daran, auch: dran
	darauf, auch: drauf
	daraus, auch: draus

du	**darfst** - dürfen
	darin, auch: drin
der	**Darm**, die Därme
	darüber, auch: drüber
	darum, auch: drum
	darunter, auch: drunter
	das (das Tier)
	dass (Ich möchte, dass... .)
	dasselbe, derselbe, dieselbe
die	**Datei**, die Dateien
der	**Dativ**
die	**Dattel**, die Datteln
das	**Datum**, die Daten
	dauern, es dauert
	dauernd
der	**Daumen**, die Daumen
	davon
	davor
	dazu
	dazwischen
die	**Decke**, die Decken
	defekt
	dehnen, du dehnst
der	**Deich**, die Deiche
der	**Deichbruch**
	dein, deine
der	**Delfin**, die Delfine, auch: der Delphin, die Delphine
die	**Demo**, die Demos
die	**Demonstration**
	demonstrieren, du demonstrierst
	denken, du denkst, sie dachte
das	**Denkmal**, die Denkmäler, auch: die Denkmale
	denn

D d

dennoch
die Deponie, die Deponien
der, des, dem, den
deren
derselbe, dieselbe, dasselbe
deshalb
dessen
desto
der Detektiv, die Detektive
deutlich
deutsch (sprechen)
Deutsch (das Fach Deutsch)
der Deutsche
die Deutsche
Deutschland
der Dezember
der Dezimeter, die Dezimeter
das Dia, die Dias
der Dialekt, die Dialekte
die Diät, die Diäten
dich
dicht
dichten, du dichtest
der Dichter
die Dichterin
dick
der Dickkopf, die Dickköpfe
die
der Dieb, die Diebe
der Diebstahl, die Diebstähle
die Diele, die Dielen
dienen, du dienst
der Dienst, die Dienste
der Dienstag, die Dienstage
dienstags
dies, diese, dieser, dieses

der Diesel
dieselbe, dasselbe, derselbe
diesig
die Differenz, die Differenzen
das Diktat, die Diktate
diktieren, du diktierst
das Ding, die Dinge
der Dinosaurier
dir
direkt
der Direktor
die Direktorin
der Dirigent
die Dirigentin
das Dirndl, die Dirndl
die Diskette, die Disketten
die Disko, die Diskos, auch: die Disco, die Discos
die Diskothek, die Diskotheken
diskutieren, du diskutierst
die Distel, die Disteln
dividieren, du dividierst
die Division, die Divisionen
dm (Abkürzung für Dezimeter)
DM (Abkürzung für Deutsche Mark)
doch
der Docht, die Dochte
der Doktor
die Doktorin
der Dolch, die Dolche
der Dollar, die Dollars
der Dolmetscher
die Dolmetscherin
der Dom, die Dome

20

D d

der **Dompteur**, die Dompteure
die **Dompteuse**,
die Dompteusen
die **Donau**
der **Donner**, die Donner
donnern, es donnert
der **Donnerstag**,
die Donnerstage
donnerstags
doof
der **Doppelpunkt**
doppelt
das **Dorf**, die Dörfer
der **Dorn**, die Dornen
das **Dornröschen**
dort
die **Dose**, die Dosen
der **Dosenöffner**
der **Dotter**, auch: das Dotter,
die Dotter
der **Drache**, die Drachen
(Tier aus der Sagenwelt)
der **Drachen**, die Drachen
(Flugdrachen)
der **Drachenflieger**
der **Draht**, die Drähte
die **Drahtseilbahn**
dran, auch: daran
drängeln, du drängelst
drängen, du drängst
drauf, auch: darauf
draus, auch: daraus
draußen
der **Dreck**
dreckig
drehen, du drehst
drei, dreimal

das **Dreirad**, die Dreiräder
dreißig
dreizehn
der **Dress**
dressieren, du dressierst
dribbeln, du dribbelst
der **Drilling**, die Drillinge
drin, auch: darin
dringend
drinnen
drittens
die **Droge**, die Drogen
die **Drogerie**, die Drogerien
drohen, du drohst
dröhnen, es dröhnt
drollig
das **Dromedar**, die Dromedare
der **Drops**, auch: das Drops,
die Drops
die **Drossel**, die Drosseln
drüben
drüber, auch: darüber
der **Druck**
drucken, du druckst
drücken, du drückst
die **Druckerei**, die Druckereien
der **Druckfehler**
drum, auch: darum
drunten
drunter, auch: darunter
der **Dschungel**, die Dschungel
du, dir, dich
der **Dübel**, die Dübel
sich **ducken**, du duckst dich
duften, es duftet
dumm, dümmer,
am dümmsten

21

D d

die **Dummheit**
dumpf
die **Düne**, die Dünen
düngen, du düngst
dunkel
dunkelhaarig
dünn
durch
durchaus
durcheinander
die **Durchfahrt**
der **Durchfall**
durchhalten, du hältst durch, sie hielt durch
durchlässig
durchleuchten, du wirst durchleuchtet
durchqueren, du durchquerst
die **Durchsage**, die Durchsagen
durchschnittlich
durchsichtig
durchsuchen, du durchsuchst
dürfen, du darfst, er durfte
er **durfte** - dürfen
dürr
der **Durst**
durstig
die **Dusche**, die Duschen
duschen, du duschst
das **Düsenflugzeug**
der **Düsenjäger**
düster
das **Dutzend**
dynamisch

der **Dynamo**, die Dynamos
dz (Abkürzung für Doppelzentner)

22

E e

die	**Ebbe**
	eben
die	**Ebene**, die Ebenen
	ebenfalls
	ebenso
der	**Eber**, die Eber
das	**Echo**, die Echos
	echt
die	**Ecke**, die Ecken
	eckig
	edel
	egal
die	**Egge**, die Eggen
der	**Egoist**, die Egoisten
	ehe
die	**Ehe**, die Ehen
die	**Eheleute**
die	**Ehre**, die Ehren
das	**Ehrenwort**
	ehrgeizig
	ehrlich
das	**Ei**, die Eier
die	**Eiche**, die Eichen
die	**Eichel**, die Eicheln
das	**Eichhörnchen**, die Eichhörnchen
die	**Eidechse**, die Eidechsen
	eifrig
	eigen
	eigenartig
das	**Eigenschaftswort**, die Eigenschaftswörter
	eigentlich
der	**Eilbrief**, die Eilbriefe
	eilen, du eilst
	eilig
der	**Eimer**, die Eimer

	ein / Ein
	ein, eine, einer, eines
	einander
	einatmen, du atmest ein
die	**Einbahnstraße**
der	**Einband**, die Einbände
	einbinden, du bindest ein, sie band ein
	einbrechen, du brichst ein, er brach ein
der	**Einbrecher**, die Einbrecher
	eindeutig
	einfach
	einfädeln, du fädelst ein
die	**Einfahrt**, die Einfahrten
der	**Einfall**, die Einfälle
das	**Einfamilienhaus**
der	**Einfluss**, die Einflüsse
der	**Eingang**, die Eingänge
	ein / ge
	eingebildet
der	**Eingeborene**
die	**Eingeborene**
	eingekauft
	eingenommen
	eingepackt
die	**Einheit**, die Einheiten
	einhundert
	einig
	einige
	einigermaßen
der	**Einkauf**, die Einkäufe
	einkaufen, du kaufst ein
	einladen, du lädst ein, sie lud ein
die	**Einladung**, die Einladungen

23

E e

einmal
das **Einmaleins**
einpacken, du packst ein
sich **einprägen**, du prägst dir ein
einräumen, du räumst ein
eins
einsam
einschlafen,
du schläfst ein, er schlief ein
einschließen, du schließt ein,
sie schloss ein
einsehen,
du siehst ein, er sah ein
einseitig
einsperren, du sperrst ein
einspurig
einst
einsteigen,
du steigst ein, sie stieg ein
einstimmig
einstürzen, es stürzt ein
der **Eintopf**
der **Eintritt**
das **Eintrittsgeld**
einverstanden
die **Einwegflasche**
einwerfen,
du wirfst ein, er warf ein
der **Einwohner**
die **Einwohnerin**
die **Einzahl**
einzahlen, du zahlst ein
einzeln
einzig
das **Eis**
das **Eisen**, die Eisen
das **Eishockey**

eisig
eiskalt
eitel
eitern, es eitert
eklig, auch: ekelig
elastisch
die **Elbe**
der **Elefant**, die Elefanten
elegant
elektrisch
die **Elektrizität**
das **Elektrizitätswerk**
das **Elend**
elf, elfmal
der **Ellenbogen**, auch: Ellbogen
die **Elster**, die Elstern
die **Eltern**
sie **empfahl** - empfehlen
sie **empfand** - empfinden
empfangen,
du empfängst, er empfing
du **empfängst** - empfangen
empfehlen,
du empfiehlst, sie empfahl
du **empfiehlst** - empfehlen
empfinden,
du empfindest, sie empfand
empfindlich
er **empfing** - empfangen
empfohlen
empor
empört
emsig
das **Ende**, die Enden
(Ende der Sendung)
endgültig
endlich

24

E e

die	**Energie**, die Energien	
	energisch	
	eng	
der	**Engel**, die Engel	
	England	
der	**Engländer**	
die	**Engländerin**	
	englisch (sprechen)	
	Englisch (das Fach Englisch)	
der	**Enkel**	
die	**Enkelin**	
	enorm	
	entdecken, du entdeckst	
die	**Ente**, die Enten (Enten im See)	
	entfernen, du entfernst	
	entfernt	
die	**Entfernung**	
die	**Entführung**	
	entgegen	
	entgegnen, du entgegnest	
sie	**entkam** - entkommen	
	entkommen, du entkommst, sie entkam	
	entlang	
	entlaufen, er entläuft, er entlief	
er	**entläuft** - entlaufen	
er	**entlief** - entlaufen	
	entrüstet	
	entscheiden, du entscheidest, er entschied	
er	**entschied** - entscheiden	
sich	**entschließen**, du entschließt dich, sie entschloss sich	

sie	**entschloss** sich - sich entschließen	
sich	**entschuldigen**, du entschuldigst dich	
die	**Entschuldigung**	
	entsetzlich	
	entsetzt	
	entspannt	
es	**entstand** - entstehen	
	entstehen, es entsteht, es entstand	
	enttäuscht	
	entweder ... oder	
	entwickeln, du entwickelst	
der	**Entwurf**, die Entwürfe	
	entzückend	
die	**Entzündung**	
	entzwei	

	erben, du erbst	
die	**Erbse**, die Erbsen	
das	**Erdbeben**	
die	**Erdbeere**, die Erdbeeren	
die	**Erde**	
das	**Erdgeschoss**	
die	**Erdnuss**, die Erdnüsse	
	erdrücken, du erdrückst	
das	**Ereignis**, die Ereignisse	
	erfahren, du erfährst, er erfuhr	
du	**erfährst** - erfahren	
die	**Erfahrung**, die Erfahrungen	
sie	**erfand** - erfinden	
	erfassen, du erfasst	
	erfinden, du erfindest, sie erfand	

25

E e

die **Erfindung**, die Erfindungen
der **Erfolg**, die Erfolge
erfolgreich
erfreulich
erfreut
sich **erfrischen**, du erfrischst dich
er **erfuhr** - erfahren
ergänzen, du ergänzt
die **Ergänzung**,
   die Ergänzungen
das **Ergebnis**, die Ergebnisse
ergreifen,
   du ergreifst, er ergriff
er **ergriff** - ergreifen
erhalten,
   du erhältst, sie erhielt
du **erhältst** - erhalten
sie **erhielt** - erhalten
sich **erholen**, du erholst dich
die **Erholung**
sich **erinnern**, du erinnerst dich
die **Erinnerung**,
   die Erinnerungen
sich **erkälten**, du erkältest dich
die **Erkältung**, die Erkältungen
er **erkannte** - erkennen
erkennen,
   du erkennst, er erkannte
erklären, du erklärst
die **Erklärung**, die Erklärungen
sich **erkundigen**,
   du erkundigst dich
erlauben, du erlaubst
die **Erlaubnis**
erleben, du erlebst
das **Erlebnis**, die Erlebnisse
erledigen, du erledigst

erleichtert
ermahnen, du ermahnst
sich **ernähren**, du ernährst dich
die **Ernährung**
ernst
die **Ernte**, die Ernten
ernten, du erntest
erobern, du eroberst
der **Erpresser**, die Erpresser
erraten,
   du errätst, er erriet
du **errätst** - erraten
erreichen, du erreichst
er **erriet** - erraten
der **Ersatzmann**, die Ersatzleute
das **Ersatzteil**, die Ersatzteile
erscheinen,
   es erscheint, es erschien
es **erschien** - erscheinen
erschöpft
er **erschrak** - erschrecken
erschrecken,
   du erschreckst ihn
   (jemand erschrecken)
erschrecken,
   du erschrickst, er erschrak
du **erschrickst** - erschrecken
erschrocken
erschüttert
erst
erstarrt
erstaunt
erstens
ersticken, du erstickst
die **Erstkommunion**
erstmals
ertappen, du ertappst

26

E e

er **ertrank** - ertrinken
ertrinken,
du ertrinkst, er ertrank
der **Erwachsene**,
die Erwachsenen
erwarten, du erwartest
erwidern, du erwiderst
erwischen, du erwischst
erzählen, du erzählst
die **Erzählung**,
die Erzählungen
erziehen,
du erziehst, sie erzog
der **Erzieher**
die **Erzieherin**
der **Erziehungsberechtigte**
sie **erzog** - erziehen
es
der **Esel**, die Esel
der **Eskimo**, die Eskimos,
auch: die Eskimo
essbar
essen, du isst, er aß
das **Essen**, die Essen
der **Essig**
der **Esslöffel**, die Esslöffel
die **Etage** (sprich: *etaasche*),
die Etagen
das **Etikett**, die Etiketten,
auch: die Etiketts
das **Etui**, die Etuis
etwa
etwas
euch
euer, eure
die **Eule**, die Eulen
Europa

der **Europäer**
die **Europäerin**
europäisch
das **Euter**, die Euter
ev. (Abkürzung für evangelisch)
evangelisch
das **Evangelium**, die Evangelien
eventuell
ewig
exakt
das **Examen**, die Examen,
auch: die Examina
das **Exemplar**, die Exemplare
exotisch
die **Expedition**,
die Expeditionen
das **Experiment**,
die Experimente
experimentieren,
du experimentierst
explodieren, es explodiert
die **Explosion**, die Explosionen
der **Express**
extra

27

F f

die	**Fabel**, die Fabeln		sie	**fand** - finden
	fabelhaft			**fangen**, du fängst, sie fing
die	**Fabrik**, die Fabriken		du	**fängst** - fangen
das	**Fach**, die Fächer		die	**Fantasie**, die Fantasien,
das	**Fachwerkhaus**,			auch: die Phantasie
	die Fachwerkhäuser			**fantastisch**,
die	**Fackel**, die Fackeln			auch: phantastisch
	fad, auch: fade		die	**Farbe**, die Farben
der	**Faden**, die Fäden			**färben**, du färbst
	fähig		der	**Farbfernseher**
die	**Fähigkeit**, die Fähigkeiten			**farbig**
die	**Fahne**, die Fahnen		die	**Farm**, die Farmen
die	**Fähre**, die Fähren		der	**Farn**, die Farne
	fahren, du fährst, sie fuhr		der	**Fasching**
der	**Fahrer**		das	**Fass**, die Fässer
die	**Fahrerin**			**fassen**, du fasst
der	**Fahrgast**, die Fahrgäste			**fast** (beinahe)
der	**Fahrplan**, die Fahrpläne			**fasten**, du fastest
das	**Fahrrad**, die Fahrräder		die	**Fastnacht**
du	**fährst** - fahren			**fauchen**, du fauchst
die	**Fahrt**, die Fahrten			**faul**
das	**Fahrzeug**, die Fahrzeuge			**faulenzen**, du faulenzt
	fair (sprich: *fär*)		der	**Faulpelz**
der	**Faktor**, die Faktoren		die	**Faust**, die Fäuste
der	**Fall**, die Fälle		der	**Favorit**, die Favoriten
	fallen, du fällst, er fiel		das	**Fax**, die Faxe, auch: die Fax
	falls			(ein Fax senden)
du	**fällst** - fallen			**faxen**, du faxt
	falsch		die	**Faxen**
	falten, du faltest			(dumme Faxen machen)
der	**Falter**, die Falter		der	**Februar**
	falzen, du falzt		die	**Feder**, die Federn
die	**Familie**, die Familien		der	**Federhalter**
der	**Familienname**			**federleicht**
der	**Fan** (sprich: *fän*), die Fans		die	**Fee**, die Feen
der	**Fanclub** (sprich: *fänklub*),			**fegen**, du fegst
	auch: der Fanklub			**fehlen**, du fehlst

29

F f

- der **Fehler**, die Fehler
- **fehlerlos**
- der **Fehlstart**, die Fehlstarts
- die **Feier**, die Feiern
- **feierlich**
- **feiern**, du feierst
- der **Feiertag**
- **feiertags**
- **feig**, auch: feige
- die **Feige**, die Feigen
- die **Feile**, die Feilen
- **fein**
- der **Feind**, die Feinde
- das **Feld**, die Felder
- der **Feldstecher**
- die **Felge**, die Felgen
- die **Felgenbremse**
- das **Fell**, die Felle
- die **Fellmütze**
- der **Felsen**, auch: der Fels, die Felsen
- das **Fenster**, die Fenster
- die **Ferien**
- das **Ferkel**, die Ferkel
- **fern**
- der **Fernfahrer**
- das **Ferngespräch**
- das **Fernrohr**, die Fernrohre
- der **Fernsehapparat**
- **fernsehen**, du siehst fern, er sah fern
- der **Fernseher**, die Fernseher
- das **Fernsehgerät**
- **fertig**
- das **Fertighaus**, die Fertighäuser
- **fesseln**, du fesselst
- **fest**
- das **Fest**, die Feste
- **festhalten**, du hältst fest, sie hielt fest
- **festlich**
- **feststellen**, du stellst fest
- das **Festzelt**
- der **Festzug**, die Festzüge
- **fett**
- das **Fett**, die Fette
- **fettarm**
- der **Fetzen**, die Fetzen
- **feucht**
- das **Feuchtbiotop**, auch: der Feuchtbiotop, die Feuchtbiotope
- das **Feuer**, die Feuer
- die **Feuerwehr**
- das **Feuerwerk**
- das **Feuerzeug**
- die **Fibel**, die Fibeln
- die **Fichte**, die Fichten
- **fidel**
- das **Fieber**
- das **Fieberthermometer**
- er **fiel** - fallen
- die **Figur**, die Figuren
- der **Film**, die Filme
- der **Filter**, auch: das Filter, die Filter
- der **Filterkaffee**
- **filtern**, du filterst
- der **Filzpantoffel**
- der **Filzschreiber**
- der **Filzstift**
- das **Finanzamt**, die Finanzämter
- **finden**, du findest, sie fand
- der **Finderlohn**

F f

sie **fing** - fangen
der **Finger**, die Finger
der **Fink**, die Finken
der **Finne**
die **Finnin**
finnisch
Finnland
finster
die **Finsternis**
die **Firma**, die Firmen
die **Firmung**, die Firmungen
der **First**, die Firste
der **Fisch**, die Fische
fischen, du fischst
das **Fischerboot**
fit, fitter, am fittesten
das **Fitnesscenter**
fix
flach
die **Fläche**, die Flächen
flackern, es flackert
die **Flagge**, die Flaggen
die **Flamme**, die Flammen
die **Flasche**, die Flaschen
der **Flaschenöffner**
flattern, er flattert
der **Flaum**
die **Flaute**, die Flauten
flechten, du flichtst, sie flocht
der **Fleck**, die Flecken
fleckig
die **Fledermaus**, die Fledermäuse
das **Fleisch**
die **Fleischerei**, die Fleischereien
der **Fleiß**
die **Fleißarbeit**
fleißig

du **flichtst** - flechten
flicken, du flickst
der **Flieder**, die Flieder
fliederfarben
die **Fliege**, die Fliegen
fliegen, du fliegst, er flog
fliehen, du fliehst, er floh
die **Fliese**, die Fliesen
fließen, er fließt, er floss
das **Fließpapier**
flimmern, es flimmert
flink
flitzen, du flitzt
sie **flocht** - flechten
die **Flocke**, die Flocken
er **flog** - fliegen
er **floh** - fliehen
der **Floh**, die Flöhe
der **Flohmarkt**, die Flohmärkte
der **Flop**, die Flops
er **floss** - fließen
das **Floß**, die Flöße
die **Flosse**, die Flossen
die **Flöte**, die Flöten
flott
flüchten, du flüchtest
der **Flüchtling**, die Flüchtlinge
der **Flug**, die Flüge
der **Flügel**, die Flügel
flügge
der **Flughafen**, die Flughäfen
das **Flugzeug**
der **Flur**, die Flure
der **Fluss**, die Flüsse
flüssig
flüstern, du flüsterst
die **Flut**, die Fluten

F f

das	**Flutlicht**
das	**Fohlen**, die Fohlen
der	**Föhn**, die Föhne
die	**Föhre**, die Föhren
	folgen, es folgt
die	**Folie**, die Folien
	fordern, du forderst
der	**Förderunterricht**
die	**Forelle**, die Forellen
die	**Form**, die Formen
das	**Format**, die Formate
	formulieren, du formulierst
	forschen, du forschst
der	**Forscher**
die	**Forscherin**
der	**Forst**, die Forste, auch: die Forsten
der	**Förster**, die Förster
	fort
die	**Fortsetzung**
das	**Foto**, die Fotos
der	**Fotograf**
die	**Fotografie**
	fotografieren, du fotografierst
die	**Fotografin**
die	**Fotokopie**, die Fotokopien
	fotokopieren, du fotokopierst
das	**Foul** (sprich: *faul*), die Fouls
	foulen, du foulst
der	**Frachter**
die	**Frage**, die Fragen
	fragen, du fragst
der	**Fragesatz**, die Fragesätze
das	**Fragezeichen**
	frankieren, du frankierst
	Frankreich
der	**Franzose**
die	**Französin**
	französisch
er	**fraß** - fressen
die	**Fratze**, die Fratzen
die	**Frau**, die Frauen
das	**Fräulein**
	frech
der	**Frechdachs**
	frei
	freihändig
der	**Freitag**, die Freitage
	freitags
	fremd
der	**Fremdenverkehr**
die	**Fremdsprache**
das	**Fremdwort**, die Fremdwörter
	fressen, er frisst, er fraß
die	**Freude**, die Freuden
	freudestrahlend
sich	**freuen**, du freust dich
der	**Freund**, die Freunde
die	**Freundin**, die Freundinnen
	freundlich
die	**Freundschaft**
der	**Frieden**
der	**Friedhof**, die Friedhöfe
	friedlich
	frieren, du frierst, sie fror
das	**Frisbee** (sprich: *frissbi*), die Frisbees
	frisch
	frisieren, du frisierst
der	**Frisör**, auch: der Friseur
die	**Frisörin**, auch: die Friseurin
er	**frisst** - fressen
die	**Frisur**, die Frisuren
	froh

32

F f

	fröhlich
	fromm
	Fronleichnam
	frontal
sie	fror - frieren
der	Frosch, die Frösche
der	Froschlaich
der	Frost, die Fröste
das	Frotteehandtuch,
	auch: das Frottéhandtuch
die	Frucht, die Früchte
	fruchtbar
	früh
das	Frühjahr
der	Frühling
der	Frühlingsanfang
das	Frühstück
	frühstücken, du frühstückst
	frustriert
der	Fuchs, die Füchse
	fuchsteufelswild
	fühlen, du fühlst
	(Es fühlt sich weich an.)
der	Fühler, die Fühler
	(die Fühler des Schmetterlings)
sie	fuhr - fahren
	führen, du führst
der	Führer
die	Führerin
der	Führerschein
	füllen, du füllst
	(ein Glas füllen)
der	Füller, die Füller
	(mit dem Füller schreiben)
der	Füllfederhalter
	fünf, fünfmal
	fünfzehn

	fünfzig
das	Fünfzigpfennigstück
der	Funk
der	Funke, die Funken
	funkeln, es funkelt
	funkelnagelneu
der	Funkstreifenwagen
	funktionieren, es funktioniert
	für
die	Furcht
	furchtbar
	fürchten, du fürchtest
	fürchterlich
	füreinander
der	Fürst
die	Fürstin
das	Fürwort, die Fürwörter
der	Fuß, die Füße
der	Fußball, die Fußbälle
der	Fußboden
der	Fußgänger
die	Fußgängerin
die	Fußgängerzone
das	Futter
das	Futterhäuschen
	füttern, du fütterst
das	Futur

33

G g

g (Abkürzung für Gramm)
sie gab - geben
die Gabel, die Gabeln
gackern, du gackerst
gaffen, er gafft
der Gag (sprich: *gäg*), die Gags
gähnen, du gähnst
galoppieren, es galoppiert
es galt - gelten
gammeln, es gammelt
der Gang, die Gänge
der Gangster (sprich: *gängster*), die Gangster
der Ganove, die Ganoven
die Gans, die Gänse
das Gänseblümchen
ganz
gar
die Garage (sprich: *garaasche*), die Garagen
die Garantie, die Garantien
garantieren, du garantierst
die Garderobe, die Garderoben
die Gardine, die Gardinen
das Garn, die Garne
gar nicht
garnieren, du garnierst
garstig
der Garten, die Gärten
der Gärtner
die Gärtnerei, die Gärtnereien
die Gärtnerin
das Gas, die Gase
die Gasheizung
das Gässchen, die Gässchen
die Gasse, die Gassen
der Gast, die Gäste

das Gasthaus, die Gasthäuser
die Gaststätte, die Gaststätten
der Gatte
die Gattin
der Gaukler, die Gaukler
der Gaul, die Gäule
der Gaumen, die Gaumen
der Gauner, die Gauner

| ge |
| Ge |

geb. (Abkürzung für geboren)
das Gebäck, die Gebäcke (süßes Gebäck)
das Gebäude, die Gebäude
geben, du gibst, sie gab
das Gebet, die Gebete
gebeten
das Gebiet, die Gebiete
gebildet
das Gebirge, die Gebirge
das Gebiss, die Gebisse
geblieben
gebogen
geboren
das Gebot, die Gebote
gebrannt
gebrauchen, du gebrauchst
die Gebrauchsanweisung
gebraucht
der Gebrauchtwagen
die Gebühr, die Gebühren
gebunden
die Geburt, die Geburten
der Geburtstag, die Geburtstage
die Geburtstagsfeier
das Gebüsch

35

G g

gedacht
das Gedächtnis
der Gedanke, die Gedanken
die Gedenkstätte
das Gedicht, die Gedichte
geduldig
gedurft
geeignet
die Gefahr, die Gefahren
gefährlich
gefallen,
es gefällt, es gefiel
sich gefallen lassen,
du lässt dir etwas gefallen,
er ließ sich etwas gefallen
es gefällt - gefallen
gefangen
das Gefängnis, die Gefängnisse
das Gefäß, die Gefäße
das Gefieder, die Gefieder
es gefiel - gefallen
gefleckt
geflickt
das Geflügel
gefräßig
gefrieren,
es gefriert, es gefror
die Gefriertruhe
es gefror - gefrieren
das Gefühl, die Gefühle
gefunden
gegangen
gegeben
gegen
die Gegend, die Gegenden
gegeneinander
der Gegensatz, die Gegensätze

gegenseitig
der Gegenstand,
die Gegenstände
das Gegenteil
gegenüber
die Gegenwart
der Gegner, die Gegner
gegossen
gehabt
das Gehalt, die Gehälter
gehässig
das Gehäuse, die Gehäuse
das Gehege, die Gehege
geheim
das Geheimnis, die Geheimnisse
gehen, du gehst, er ging
geheuer
das Gehirn, die Gehirne
die Gehirnerschütterung
geholfen
das Gehör
gehorchen, du gehorchst
gehören, es gehört
gehörlos
gehorsam
der Gehsteig, die Gehsteige
der Geier, die Geier
die Geige, die Geigen
geil
die Geisel, die Geiseln
die Geiselnahme
der Geist, die Geister
die Geisterbahn
der Geizhals, die Geizhälse
geizig
geklappt
geklungen

36

G g

	gekonnt
das	**Gelächter**
das	**Gelände**
das	**Geländer**, die Geländer
es	**gelang** - gelingen
	gelaunt
	gelb
das	**Geld**
der	**Geldautomat**
der	**Geldbeutel**
die	**Geldbörse**
das	**Gelee** (sprich: *schelee*), auch: der Gelee, die Gelees
die	**Gelegenheit**, die Gelegenheiten
	gelegentlich
das	**Gelenk**, die Gelenke
	gelenkig
	gelingen, es gelingt, es gelang
	gelogen
	gelten, es gilt, es galt
	gelungen
das	**Gemälde**, die Gemälde
	gemein
die	**Gemeinde**, die Gemeinden
der	**Gemeinderat**
die	**Gemeinderätin**
	gemeinsam
die	**Gemeinschaft**
	gemolken
das	**Gemüse**, die Gemüse
	gemütlich
	genau
	genauso
	genehmigen, du genehmigst

die	**Generation**, die Generationen
der	**Generator**, die Generatoren
das	**Genick**, die Genicke
sich	**genieren** (sprich: *scheniiren*), du genierst dich
	genießbar
	genießen, du genießt, sie genoss
der	**Genitiv**
	genommen
sie	**genoss** - genießen
	genug
	genügen, es genügt
	genügend
der	**Genuss**, die Genüsse
die	**Geometrie**
	geometrisch
das	**Gepäck**, die Gepäckstücke (schweres Gepäck)
der	**Gepäckträger**
	gepasst
	gepfiffen
das	**Geplapper**
	gerade
	geradeaus
	gerannt
das	**Gerät**, die Geräte
das	**Geräteturnen**
	geräumig
das	**Geräusch**, die Geräusche
	gerecht
das	**Gericht**, die Gerichte
	gerieben
	gering
	geritten

37

G g

gern, auch: gerne
gerochen
die Gerste
der Geruch, die Gerüche
das Gerücht, die Gerüchte
das Gerümpel
das Gerüst, die Gerüste
der Gesang, die Gesänge
das Geschäft, die Geschäfte
es geschah - geschehen
geschehen,
es geschieht, es geschah
gescheit
das Geschenk, die Geschenke
die Geschichte,
die Geschichten
das Geschichtenbuch,
die Geschichtenbücher
geschickt
geschieden
es geschieht - geschehen
das Geschirr, die Geschirre
die Geschirrspülmaschine
das Geschlecht,
die Geschlechter
das Geschlechtswort,
die Geschlechtswörter
geschlossen
der Geschmack
geschmeidig
geschoren
das Geschoss, die Geschosse
das Geschrei
geschwiegen
geschwind
die Geschwindigkeit,
die Geschwindigkeiten

die Geschwister
geschwollen
das Geschwür, die Geschwüre
das Gesetz, die Gesetze
das Gesicht, die Gesichter
gespannt
das Gespenst, die Gespenster
gespenstig,
auch: gespenstisch
gesponnen
das Gespräch, die Gespräche
gesprochen
die Gestalt, die Gestalten
gestanden
der Gestank
das Gestell, die Gestelle
gestern
das Gestirn, die Gestirne
gestohlen
gestorben
gestreift
das Gestrüpp
gestunken
gesund
die Gesundheit
gesungen
das Getränk, die Getränke
der Getränkeautomat
das Getreide
getrennt
getroffen
getrunken
gewachsen
das Gewächshaus,
die Gewächshäuser
die Gewalt, die Gewalten
gewaltig

G g

das **Gewand**, die Gewänder
gewandt
sie **gewann** - gewinnen
das **Gewässer**, die Gewässer
das **Gewehr**, die Gewehre
das **Geweih**, die Geweihe
gewesen - sein
das **Gewicht**, die Gewichte
der **Gewinn**, die Gewinne
gewinnen,
du gewinnst, sie gewann
gewiss
das **Gewissen**
gewissenhaft
das **Gewitter**, die Gewitter
gewogen
sich **gewöhnen**,
du gewöhnst dich
die **Gewohnheit**,
die Gewohnheiten
gewöhnlich
gewohnt
gewollt
gewonnen
geworden
gewunken
das **Gewürz**, die Gewürze
gewusst
gezackt
die **Gezeiten**
gezogen
du **gibst** - geben
der **Giebel**, die Giebel
gierig
gießen, du gießt, er goss
die **Gießkanne**
das **Gift**, die Gifte

giftig
die **Giftmülldeponie**
es **gilt** - gelten
er **ging** - gehen
der **Gipfel**, die Gipfel
das **Gipfelkreuz**
der **Gips**
die **Giraffe**, die Giraffen
die **Girlande**, die Girlanden
die **Gitarre**, die Gitarren
das **Gitter**, die Gitter
glänzen, es glänzt
glänzend
das **Glas**, die Gläser
glatt
die **Glätte**
die **Glatze**, die Glatzen
der **Glaube**
glauben, du glaubst
gleich
gleichzeitig
das **Gleis**, die Gleise
gleiten, du gleitest, er glitt
der **Gletscher**, die Gletscher
das **Glied**, die Glieder
die **Gliedmaßen**
glitschig
er **glitt** - gleiten
glitzern, es glitzert
der **Globus**, die Globusse,
auch: die Globen
die **Glocke**, die Glocken
das **Glockenspiel**
glotzen, du glotzt
das **Glück**
gluckern, es gluckert
glücklich

G g

der	**Glückwunsch**,	
	die Glückwünsche	
	glühen, es glüht	
die	**Glut**	
	gnädig	
der	**Gockel**, die Gockel	
das	**Gold**	
	golden	
der	**Goldfisch**	
die	**Goldmedaille**	
	(sprich: *goldmedallje*)	
die	**Gondel**, die Gondeln	
der	**Gong**, die Gongs	
	gönnen, du gönnst	
der	**Gorilla**, die Gorillas	
er	**goss** - gießen	
der	**Gott**, die Götter	
der	**Gottesdienst**,	
	die Gottesdienste	
das	**Grab**, die Gräber	
	graben, du gräbst, sie grub	
der	**Graben**, die Gräben	
du	**gräbst** - graben	
der	**Grad**, die Grade	
der	**Graf**	
die	**Gräfin**	
das	**Gramm**	
die	**Grammatik**,	
	die Grammatiken	
die	**Granne**, die Grannen	
die	**Grapefruit**	
	(sprich: *grepfruut*),	
	die Grapefruits	
das	**Gras**, die Gräser	
	grässlich	
die	**Gräte**, die Gräten	
	gratis	

	gratulieren, du gratulierst	
	grau	
das	**Gräuel**, die Gräuel	
sich	**grauen**, es graut dir	
	grausig	
	greifen, du greifst, sie griff	
der	**Greifvogel**, die Greifvögel	
der	**Greis**	
die	**Greisin**	
	grell	
die	**Grenze**, die Grenzen	
der	**Grieche**	
	Griechenland	
die	**Griechin**	
	griechisch	
sie	**griff** - greifen	
der	**Griff**, die Griffe	
der	**Grill**, die Grills	
die	**Grille**, die Grillen	
	grillen, du grillst	
die	**Grimasse**, die Grimassen	
	grimmig	
	grinsen, du grinst	
die	**Grippe** (an Grippe erkranken)	
	grob	
	grölen, du grölst	
der	**Groschen**, die Groschen	
	groß, größer, am größten	
	Großbritannien	
die	**Größe**, die Größen	
die	**Großeltern**	
	größer, am größten - groß	
die	**Großmutter**, die Großmütter	
	größtenteils	
der	**Großvater**, die Großväter	
die	**Grotte**, die Grotten	
sie	**grub** - graben	

G g

die	**Grube**, die Gruben	
	(in eine Grube fallen)	
	grübeln, du grübelst	
	grün	
der	**Grund**, die Gründe	
der	**Gründonnerstag**	
die	**Grundschule**	
der	**Grundschüler**	
die	**Grundschülerin**	
das	**Grundstück**	
die	**Grünfläche**	
	grunzen, es grunzt	
die	**Gruppe**, die Gruppen	
	(eine Vierergruppe)	
sich	**gruseln**, du gruselst dich	
der	**Gruß**, die Grüße	
	grüßen, du grüßt	
die	**Grütze**, die Grützen	
	gucken, du guckst	
das	**Gulasch**,	
	auch: der Gulasch	
der	**Gummi**, auch: das Gummi,	
	die Gummis	
	günstig	
	gurgeln, du gurgelst	
die	**Gurke**, die Gurken	
	gurren, sie gurrt	
der	**Gurt**, die Gurte	
der	**Gürtel**, die Gürtel	
	gut, besser, am besten	
der	**Güterbahnhof**,	
	die Güterbahnhöfe	
der	**Güterzug**, die Güterzüge	
	gutmütig	
der	**Gutschein**, die Gutscheine	
der	**Gymnasiast**	
die	**Gymnasiastin**	

das	**Gymnasium**, die Gymnasien
die	**Gymnastik**

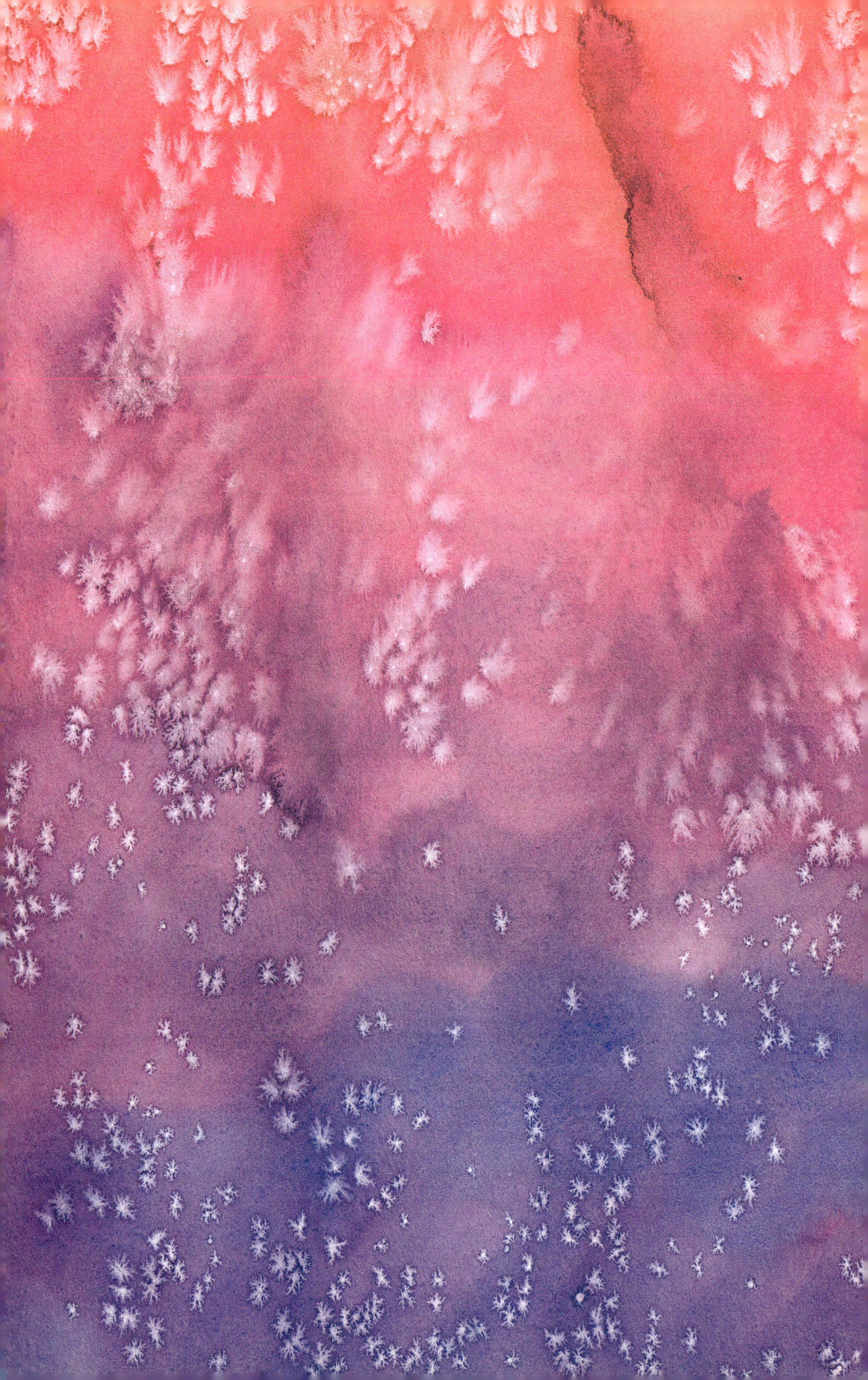

H h

das	**Haar**, die Haare		der	**Hammel**, die Hammel
	haben, du hast, er hatte		der	**Hammer**, die Hämmer
der	**Habicht**, die Habichte			**hämmern**, du hämmerst
die	**Hachse**, die Hachsen, auch: die Haxe		der	**Hampelmann**, die Hampelmänner
die	**Hacke**, die Hacken		der	**Hamster**, die Hamster
	hacken, du hackst		die	**Hand**, die Hände
der	**Hafen**, die Häfen		der	**Handball**, die Handbälle
der	**Hafer**			**handeln**, du handelst
die	**Haferflocken**		der	**Händler**
	haften, es haftet		die	**Händlerin**
die	**Hagebutte**		der	**Handschuh**
der	**Hagel**		die	**Handtasche**
	hageln, es hagelt		das	**Handtuch**, die Handtücher
der	**Hahn**, die Hähne		der	**Handwerker**
das	**Hähnchen**, die Hähnchen		der	**Hang**, die Hänge
der	**Hai**, die Haie		die	**Hängematte**
	häkeln, du häkelst			**hängen**, du hängst, er hing
der	**Haken**, die Haken		die	**Hantel**, die Hanteln
	halb			**hantieren**, du hantierst
	halbieren, du halbierst			**happy** (sprich: *häppi*)
sie	**half** - helfen		das	**Härchen**, die Härchen
die	**Hälfte**, die Hälften		die	**Hardware** (sprich: *haatwär*)
die	**Halle**, die Hallen		die	**Harke**, die Harken
	halleluja			**harmlos**
das	**Hallenbad**, die Hallenbäder		der	**Harn**
	hallo		die	**Harnblase**
der	**Halm**, die Halme		die	**Harpune**, die Harpunen
die	**Halogenlampe**			**hart**, härter, am härtesten
der	**Hals**, die Hälse			**hartnäckig**
	halt		das	**Harz**
	haltbar			**harzig**
	halten, du hältst, sie hielt		der	**Hase**, die Hasen
die	**Haltestelle**, die Haltestellen		die	**Haselnuss**, die Haselnüsse
du	**hältst** - halten		der	**Hass**
	Hamburg			**hassen**, du hasst
	hämisch			**hässlich**

H h

du	**hast** - haben	
	hastig	
er	**hatte** - haben	
	hauchdünn	
	hauchen, du hauchst	
	hauen, du haust	
der	**Haufen**, die Haufen	
	häufig	
das	**Haupt**, die Häupter	
der	**Hauptbahnhof**, die Hauptbahnhöfe	
der	**Häuptling**, die Häuptlinge	
die	**Hauptsache**	
die	**Hauptschule**	
der	**Hauptschüler**	
die	**Hauptschülerin**	
die	**Hauptstadt**, die Hauptstädte	
das	**Haus**, die Häuser	
der	**Hausarrest**	
die	**Hausaufgabe**	
zu	**Hause**	
der	**Haushalt**, die Haushalte	
der	**Hausmeister**	
die	**Hausordnung**	
der	**Hausschlüssel**	
der	**Hausschuh**	
die	**Haut**, die Häute	
sich	**häuten**, sie häutet sich	
die	**Haxe**, die Haxen, auch: die Hachse	
der	**Hebel**, die Hebel	
	heben, du hebst, sie hob	
der	**Hecht**, die Hechte	
der	**Hechtsprung**, die Hechtsprünge	
das	**Heck**, die Hecke, auch: die Hecks (das Heck des Schiffs)	

die	**Hecke**, die Hecken (eine Hecke schneiden)	
die	**Hefe**	
das	**Heft**, die Hefte	
	heftig	
das	**Heftpflaster**	
die	**Heide**, die Heiden	
die	**Heidelbeere**, die Heidelbeeren	
	heikel	
	heilen, es heilt	
	heilig	
	heim	
die	**Heimat**	
die	**Heimatkunde**	
	heimfahren, du fährst heim, sie fuhr heim	
	heimgehen, du gehst heim, er ging heim	
	heimkommen, du kommst heim, sie kam heim	
	heimlich	
das	**Heimweh**	
	heiraten, du heiratest	
	heiser (im Hals)	
	heiß	
	heißen, du heißt, er hieß	
	heiter	
	heizen, du heizt	
die	**Heizung**, die Heizungen	
der	**Hektoliter**, die Hektoliter	
der	**Held**	
die	**Heldin**	
	helfen, du hilfst, sie half	
	hell	
der	**Helm**, die Helme	
das	**Hemd**, die Hemden	

H h

der	**Hengst**, die Hengste
der	**Henkel**, die Henkel
die	**Henne**, die Hennen

her

herab
heran
herauf
heraus
herausholen, du holst heraus
herauskommen, du kommst heraus, sie kam heraus
herbei

die	**Herberge**, die Herbergen
der	**Herbst**
der	**Herd**, die Herde (auf dem Herd kochen)
die	**Herde**, die Herden (eine Schafherde)

herein
hereinkommen, du kommst herein, er kam herein

der	**Hering**, die Heringe
der	**Herr**
die	**Herrin**

herrlich
herüber
herum
herunter
hervor
hervorragend

| das | **Herz**, die Herzen |

herzlich

| der | **Herzschlag**, die Herzschläge |

Hessen
hessisch
hetzen, du hetzt

| das | **Heu** |

heucheln

| die | **Heuernte** |

heulen, du heulst

| die | **Heuschrecke**, die Heuschrecken |

heute

die	**Hexe**, die Hexen
der	**Hieb**, die Hiebe
sie	**hielt** - halten

hier
hierher

| er | **hieß** - heißen |
| die | **Hilfe**, die Hilfen |

hilfsbereit

du	**hilfst** - helfen
die	**Himbeere**, die Himbeeren
der	**Himmel**, die Himmel

hin

hinab
hinauf
hinaus

| das | **Hindernis**, die Hindernisse |

hindurch
hinein
hineinbeißen, du beißt hinein, sie biss hinein
hineingehen, du gehst hinein, er ging hinein

| er | **hing** - hängen |

hinken, du hinkst
hinten
hinter
hintereinander
hinterher
hinüber
hinunter
hinweg

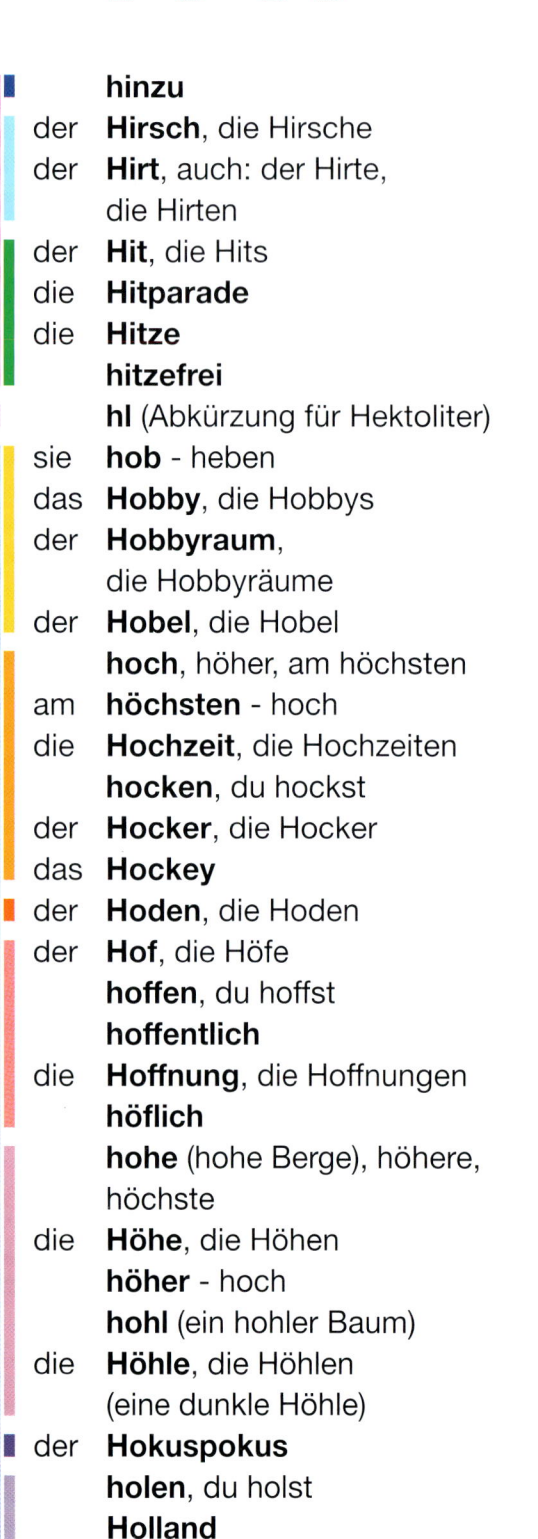

H h

	hinzu
der	**Hirsch**, die Hirsche
der	**Hirt**, auch: der Hirte, die Hirten
der	**Hit**, die Hits
die	**Hitparade**
die	**Hitze**
	hitzefrei
	hl (Abkürzung für Hektoliter)
sie	**hob** - heben
das	**Hobby**, die Hobbys
der	**Hobbyraum**, die Hobbyräume
der	**Hobel**, die Hobel
	hoch, höher, am höchsten
am	**höchsten** - hoch
die	**Hochzeit**, die Hochzeiten
	hocken, du hockst
der	**Hocker**, die Hocker
das	**Hockey**
der	**Hoden**, die Hoden
der	**Hof**, die Höfe
	hoffen, du hoffst
	hoffentlich
die	**Hoffnung**, die Hoffnungen
	höflich
	hohe (hohe Berge), höhere, höchste
die	**Höhe**, die Höhen
	höher - hoch
	hohl (ein hohler Baum)
die	**Höhle**, die Höhlen (eine dunkle Höhle)
der	**Hokuspokus**
	holen, du holst
	Holland
der	**Holländer**
die	**Holländerin**
	holländisch
die	**Hölle** (Teufel in der Hölle)
	holpern, es holpert
	holprig, auch: holperig
das	**Holz**, die Hölzer
der	**Honig**
der	**Hopfen**
	hoppeln, du hoppelst
	hoppla!
	hopsen, du hopst
	horchen, du horchst
	hören, du hörst
der	**Hörer**
die	**Hörerin**
der	**Horizont**
das	**Horn**, die Hörner
das	**Hörnchen**, die Hörnchen
die	**Hornisse**, die Hornissen
der	**Hort**, die Horte
der	**Hortner**
die	**Hortnerin**
die	**Hose**, die Hosen
das	**Hospital**, die Hospitäler
die	**Hostie**, die Hostien
das	**Hotel**, die Hotels
	hübsch
der	**Hubschrauber**
	huckepack
der	**Huf**, die Hufe
die	**Hüfte**, die Hüften
der	**Hügel**, die Hügel
	hüglig, auch: hügelig
das	**Huhn**, die Hühner
die	**Hülle**, die Hüllen
die	**Hülse**, die Hülsen
die	**Hummel**, die Hummeln

H h

der **Humor**
humpeln, du humpelst
der **Humus**
der **Hund**, die Hunde
hundert
der **Hunger**
die **Hungersnot**
hungrig
die **Hupe**, die Hupen
hupen, du hupst
hüpfen, du hüpfst
hurra!
huschen, du huschst
husten, du hustest
der **Hustensaft**, die Hustensäfte
der **Hut**, die Hüte
die **Hütte**, die Hütten
der **Hydrant**, die Hydranten
hygienisch

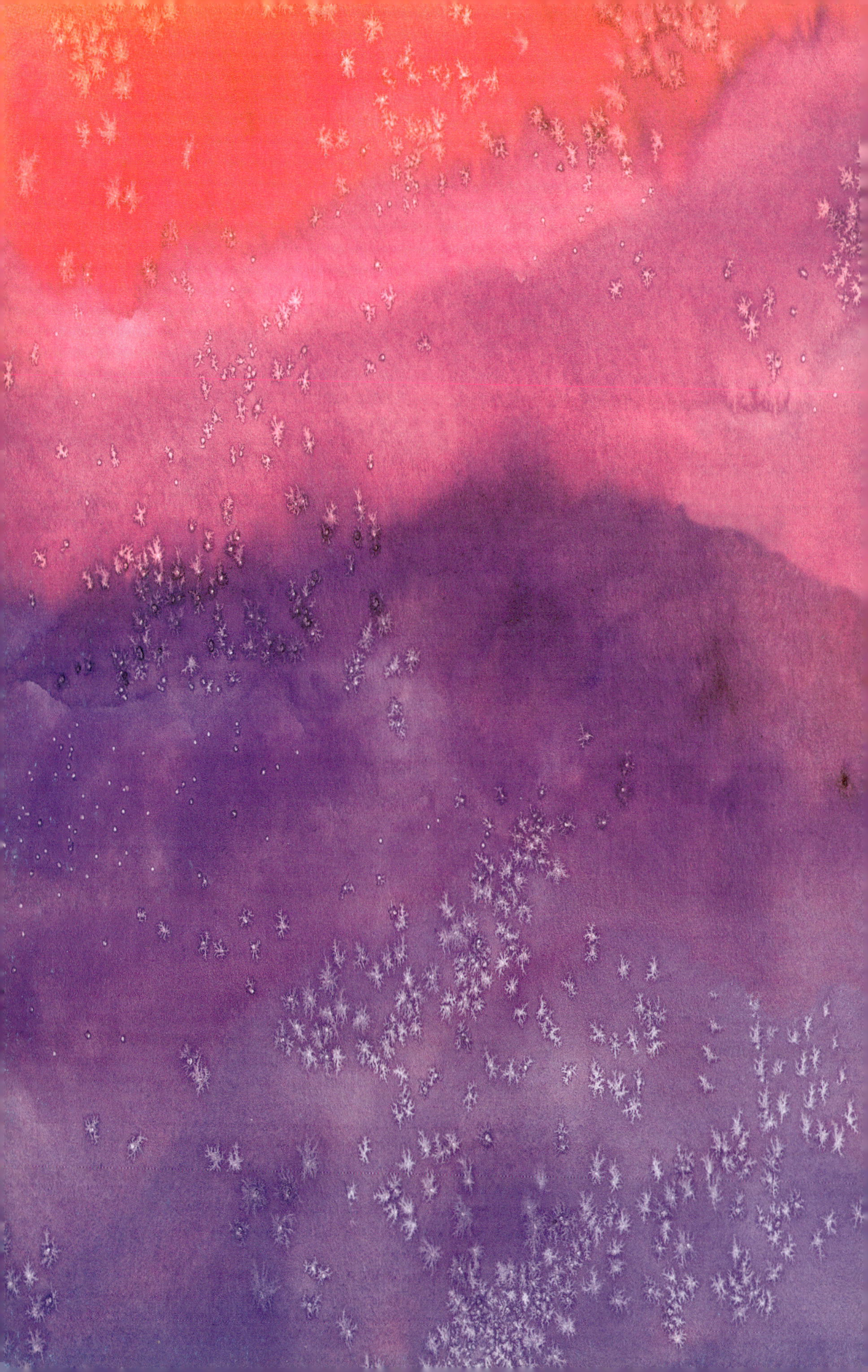

I i

	der	**ICE** (Abkürzung für InterCityExpress), die ICEs
		ich
		ideal
	die	**Idee**, die Ideen
	der	**Idiot**, die Idioten
	der	**Igel**, die Igel
	der	**Iglu**, auch: das Iglu, die Iglus
		ihm, ihn
		ihr, ihre
	die	**Illustrierte**, die Illustrierten
		im (in dem)
	der	**Imbiss**, die Imbisse
	der	**Imker**, die Imker
		immer
	das	**Imperfekt**
		impfen, du wirst geimpft
	die	**Impfung**, die Impfungen
		in, ins
		indem
	der	**Indianer**
	die	**Indianerin**
	die	**Industrie**, die Industrien
		ineinander
	die	**Infektion**
	der	**Infinitiv**, die Infinitive
	die	**Information**, die Informationen
	sich	**informieren**, du informierst dich
	der	**Ingenieur** (sprich: *inschenjör*)
	die	**Ingenieurin** (sprich: *inschenjörin*)
	der	**Inhaber**
	die	**Inhaberin**
	der	**Inhalt**
	das	**Inhaltsverzeichnis**

		innen
		innerhalb
	das	**Insekt**, die Insekten
	die	**Insel**, die Inseln
	das	**Inserat**, die Inserate
		insgesamt
	der	**Installateur** (sprich: *installatör*)
	die	**Installateurin** (sprich: *installatörin*)
	der	**Instinkt**
	das	**Instrument**, die Instrumente
		intelligent
		intensiv
	der	**Intercity**, die Intercitys
		interessant
	das	**Interesse**, die Interessen
	sich	**interessieren**, du interessierst dich
	das	**Internat**, die Internate
		international
	das	**Internet**
	das	**Interview** (sprich: *interwju*), die Interviews
		inzwischen
	der	**Ire**
		irgendein, irgendeine
		irgendjemand
		irgendwann
		irgendwas
		irgendwie
		irgendwo
		irgendwohin
	die	**Irin**
		irisch
		Irland
		ironisch
		irr, auch: irre

49

I i

sich **irren**, du irrst dich
der **Irrgarten**
der **Islam**
das **Isolierband**, die Isolierbänder
er **isst** - essen (Er isst ein Brot.)
er **ist** - sein (Er ist da.)
Italien
der **Italiener**
die **Italienerin**
italienisch

J j

	ja
die	**Jacht**, die Jachten, auch: die Yacht
die	**Jacke**, die Jacken
die	**Jagd**, die Jagden
	jagen, du jagst
der	**Jäger**, die Jäger
	jäh
das	**Jahr**, die Jahre
	jahrelang
das	**Jahrhundert**
	jährlich
das	**Jahrzehnt**
	jähzornig
die	**Jalousie** (sprich: *schalusi*), die Jalousien
	jämmerlich
	jammern, du jammerst
der	**Januar**
	Japan
	japanisch
	japsen, du japst
	jäten, du jätest
	jauchzen, du jauchzt
	jaulen, er jault
	je
die	**Jeans** (sprich: *dschiins*), die Jeans
	jede, jeder, jedes
	jedenfalls
	jedoch
der	**Jeep** (sprich: *dschiip*), die Jeeps
	jemals
	jemand
	jene, jener, jenes
	jenseits

	Jesus
	jetzt
der	**Job** (sprich: *dschop*), die Jobs
das	**Jod**
	jodeln, du jodelst
das	**Joga**, auch: der Joga, auch: Yoga
	joggen (sprich: *dschoggen*), du joggst
der	**Joghurt**, auch: das Joghurt, auch: Jogurt
	johlen, du johlst
das	**Jo-Jo**, auch: das Yo-Yo
der	**Joker** (sprich: *dschoker*), die Joker
	jonglieren (sprich: *schongliiren*), du jonglierst
der	**Journalist** (sprich: *schurnalist*)
die	**Journalistin** (sprich: *schurnalistin*)
der	**Jubel**
	jubeln, du jubelst
	juchzen, du juchzt
	jucken, es juckt
der	**Jude**
die	**Jüdin**
das	**Judo**
die	**Jugend**
die	**Jugendherberge**
der	**Jugendliche**
die	**Jugendliche**
der	**Juli**, auch: der Julei
	jung, jünger, am jüngsten

J j

das **Junge**, die Jungen
(Nachwuchs bei Tieren)
der **Junge**, die Jungen
(nicht die Mädchen)
jünger, am jüngsten - jung
der **Juni**, auch: der Juno
der **Junior**
die **Juniorin**
das **Juwel**, die Juwelen
der **Juwelier**
der **Jux**, die Juxe

K k

das	**Kabel**, die Kabel	
der	**Kabelanschluss**, die Kabelanschlüsse	
das	**Kabelfernsehen**	
die	**Kabine**, die Kabinen	
das	**Kabrio**, die Kabrios, auch: das Cabrio	
der	**Kachelofen**, die Kachelöfen	
der	**Käfer**, die Käfer	
der	**Kaffee** (Kaffee trinken)	
der	**Käfig**, die Käfige	
	kahl	
der	**Kahn**, die Kähne	
der	**Kai**, die Kais, auch: der Quai	
der	**Kaiser**, die Kaiser	
das	**Kajak**, die Kajaks	
die	**Kajüte**, die Kajüten	
der	**Kakao**, die Kakaos	
der	**Kaktus**, auch: die Kaktee, die Kakteen	
das	**Kalb**, die Kälber	
der	**Kalender**, die Kalender	
der	**Kalk**	
die	**Kalorie**, die Kalorien	
	kalt, kälter, am kältesten	
er	**kam** - kommen	
das	**Kamel**, die Kamele	
die	**Kamera**, die Kameras	
der	**Kamin**, die Kamine	
der	**Kaminkehrer**	
der	**Kamm**, die Kämme	
sich	**kämmen**, du kämmst dich	
die	**Kammer**, die Kammern	
der	**Kampf**, die Kämpfe	
	kämpfen, du kämpfst	
der	**Kanal**, die Kanäle	

der	**Kanarienvogel**, die Kanarienvögel	
der	**Kandidat**	
die	**Kandidatin**	
das	**Känguru**, die Kängurus	
das	**Kaninchen**, die Kaninchen	
der	**Kanister**, die Kanister	
er	**kann** - können	
die	**Kanne**, die Kannen	
du	**kannst** - können	
sie	**kannte** - kennen	
der	**Kanon**, die Kanons	
die	**Kante**, die Kanten	
die	**Kantine**, die Kantinen	
das	**Kanu**, die Kanus	
der	**Kanzler**, die Kanzler	
die	**Kapelle**, die Kapellen	
	kapieren, du kapierst	
der	**Kapitän**, die Kapitäne	
das	**Kapitel**, die Kapitel	
der	**Kaplan**, die Kapläne	
die	**Kappe**, die Kappen	
die	**Kapsel**, die Kapseln	
	kaputt	
die	**Kapuze**, die Kapuzen	
das	**Karate**	
die	**Karawane**, die Karawanen	
der	**Karfreitag**	
	kariert	
die	**Karies**	
der	**Karneval**	
der	**Karnevalszug**	
das	**Karo**, die Karos	
die	**Karotte**, die Karotten	
der	**Karpfen**, die Karpfen	
die	**Karre**, die Karren	
die	**Karte**, die Karten	

K k

das	**Kartentelefon**	
die	**Kartoffel**, die Kartoffeln	
die	**Kartoffelchips**	
der	**Karton**, die Kartons	
das	**Karussell**, die Karusselle, auch: die Karussells	
die	**Karwoche**	
der	**Käse**, die Käse	
die	**Kaserne**, die Kasernen	
der	**Kasper**, die Kasper	
die	**Kasse**, die Kassen	
die	**Kassette**, die Kassetten	
der	**Kassettenrekorder**, auch: der Kassettenrecorder	
die	**Kastanie**, die Kastanien	
der	**Kasten**, die Kästen	
der	**Katalog**, die Kataloge	
die	**Katastrophe**, die Katastrophen	
der	**Kater**, die Kater	
	kath. (Abkürzung für katholisch)	
der	**Katholik**	
die	**Katholikin**	
	katholisch	
die	**Katze**, die Katzen	
das	**Kauderwelsch**	
	kauen, du kaust	
	kauern, du kauerst	
	kaufen, du kaufst	
der	**Käufer**	
die	**Käuferin**	
die	**Kauffrau**, die Kauffrauen	
der	**Kaufmann**, die Kaufleute	
der	**Kaugummi**, die Kaugummis	
die	**Kaulquappe**, die Kaulquappen	
	kaum	
das	**Käuzchen**, die Käuzchen	

der	**Kegel**, die Kegel	
die	**Kegelbahn**	
die	**Kehle**, die Kehlen (aus voller Kehle singen)	
der	**Kehlkopf**	
	kehren, du kehrst	
der	**Keil**, die Keile	
	keimen, es keimt	
der	**Keimling**, die Keimlinge	
	kein, keine	
	keinesfalls	
der	**Keks**, die Kekse, auch: die Keks	
der	**Kelch**, die Kelche	
die	**Kelle**, die Kellen	
der	**Keller**, die Keller	
der	**Kellner**	
die	**Kellnerin**	
	kennen, du kennst, sie kannte	
das	**Kennzeichen**	
	kentern, du kenterst	
die	**Keramik**, die Keramiken	
die	**Kerbe**, die Kerben	
der	**Kerl**, die Kerle	
der	**Kern**, die Kerne	
die	**Kerze**, die Kerzen	
	kerzengerade	
der	**Kessel**, die Kessel	
der	**Ketschup**, auch: das Ketschup auch: Ketchup	
die	**Kette**, die Ketten	
	keuchen, du keuchst	
die	**Keule**, die Keulen	
das	**Kfz** (Abkürzung für Kraftfahrzeug)	
	kg (Abkürzung für Kilogramm)	
	kichern, du kicherst	

K k

	kicken, du kickst
der	**Kiefer**, die Kiefer (Oberkiefer)
die	**Kiefer**, die Kiefern (Kiefernzapfen)
der	**Kiel**, die Kiele
die	**Kieme**, die Kiemen
der	**Kies**
der	**Kieselstein**
die	**Kiesgrube**
das	**Kilogramm**
der	**Kilometer**, die Kilometer
das	**Kind**, die Kinder
der	**Kindergarten**, die Kindergärten
das	**Kinn**, die Kinne
der	**Kinnhaken**
das	**Kino**, die Kinos
der	**Kiosk**, die Kioske
	kippen, du kippst
die	**Kirche**, die Kirchen
die	**Kirchweih**
die	**Kirmes**
die	**Kirsche**, die Kirschen
das	**Kissen**, die Kissen
die	**Kiste**, die Kisten
der	**Kitsch**
	kitschig
der	**Kitt**
das	**Kitz**, die Kitze
	kitzeln, du kitzelst
	kitzlig, auch: kitzelig
	kläffen, er kläfft
	klagen, du klagst
	klamm
die	**Klammer**, die Klammern
	klammern, du klammerst
die	**Klamotten**
es	**klang** - klingen
der	**Klang**, die Klänge
die	**Klappe**, die Klappen
	klappen, es klappt
	klappern, du klapperst
der	**Klaps**, die Klapse
	klar
die	**Kläranlage**
die	**Klasse**, die Klassen
der	**Klassensprecher**
die	**Klassensprecherin**
	klatschen, du klatschst
	klauen, du klaust
das	**Klavier**, die Klaviere
	kleben, du klebst
der	**Kleber**, die Kleber
der	**Klebstoff**, die Klebstoffe
	kleckern, du kleckerst
der	**Klecks**, die Kleckse
der	**Klee**
das	**Kleeblatt**, die Kleeblätter
das	**Kleid**, die Kleider
der	**Kleiderbügel**
die	**Kleidung**, die Kleidungen
	klein
der	**Kleister**, die Kleister
die	**Klemme**, die Klemmen
der	**Klempner**, die Klempner
das	**Klettergerüst**, die Klettergerüste
	klettern, du kletterst
der	**Klettverschluss**, die Klettverschlüsse
das	**Klima**
die	**Klimaanlage**
der	**Klimmzug**, die Klimmzüge

K k

      klimpern, du klimperst
die **Klinge**, die Klingen
die **Klingel**, die Klingeln
      klingeln, du klingelst
      klingen, es klingt, es klang
die **Klinik**, die Kliniken
      klipp und klar
die **Klippe**, die Klippen
      klirren, es klirrt
das **Klo**, die Klos
      klopfen, du klopfst
der **Klops**, die Klopse
das **Klosett**, die Klosetts,
      auch: die Klosette
der **Kloß**, die Klöße
das **Kloster**, die Klöster
der **Klotz**, die Klötze
der **Klub**, die Klubs,
      auch: der Club
      klug, klüger, am klügsten
der **Klumpen**, die Klumpen
      km (Abkürzung für Kilometer)
      knabbern, du knabberst
der **Knabe**, die Knaben
das **Knäckebrot**
der **Knacks**
der **Knall**, die Knalle
      knallen, es knallt
      knapp
      knarren, es knarrt
      knattern, es knattert
der **Knäuel**, auch: das Knäuel,
      die Knäuel
      knausrig, auch: knauserig
      kneifen, du kneifst, er kniff
die **Kneipe**, die Kneipen
die **Knete**

      kneten, du knetest
die **Knetmasse**
      knicken, du knickst
das **Knie**, die Knie
      knien, du kniest
er **kniff** - kneifen
      knifflig
      knipsen, du knipst
der **Knirps**, die Knirpse
      knirschen, du knirschst
      knistern, es knistert
      knittern, es knittert
      knobeln, du knobelst
der **Knoblauch**
der **Knochen**, die Knochen
der **Knödel**, die Knödel
die **Knolle**, die Knollen
der **Knopf**, die Knöpfe
der **Knorpel**, die Knorpel
die **Knospe**, die Knospen
der **Knoten**, die Knoten
      knüllen, du knüllst
      knüpfen, du knüpfst
der **Knüppel**, die Knüppel
      knurren, du knurrst
      knusprig, auch: knusperig
      k. o.
      (Abkürzung für knock-out)
der **Koch**, die Köche
      kochen, du kochst
die **Köchin**
der **Koffer**, die Koffer
der **Kohl**
die **Kohle**, die Kohlen
      kohlrabenschwarz
die **Koje**, die Kojen
die **Kokosnuss**, die Kokosnüsse

K k

der	**Kollege**
die	**Kollegin**
der	**Kombi**, die Kombis
	kombinieren, du kombinierst
der	**Komet**, die Kometen
	komisch
das	**Komma**, die Kommas
	kommen, du kommst, er kam
der	**Kommissar**
die	**Kommissarin**
die	**Kommode**, die Kommoden
die	**Kommunion**
das	**Kommunionkind**
der	**Kompass**, die Kompasse
	komplett
	kompliziert
der	**Komposthaufen**
das	**Kompott**, die Kompotte
die	**Kondensmilch**
die	**Kondition**
der	**Konditor**
die	**Konditorei**, die Konditoreien
die	**Konditorin**
das	**Kondom**, auch: der Kondom, die Kondome
die	**Konferenz**, die Konferenzen
das	**Konfetti**
der	**Konfirmand**
die	**Konfirmandin**
die	**Konfirmation**
	konfirmieren, du wirst konfirmiert
die	**Konfitüre**, die Konfitüren
der	**Konflikt**, die Konflikte
der	**König**
die	**Königin**
	konkret

	können, du kannst, er konnte
er	**konnte** - können
der	**Konrektor**
die	**Konrektorin**
die	**Konserve**, die Konserven
der	**Konsonant**, die Konsonanten
der	**Konsum**
der	**Kontakt**, die Kontakte
der	**Kontinent**, die Kontinente
das	**Konto**, die Konten, auch: die Kontos oder Konti
die	**Kontonummer**
die	**Kontrolle**, die Kontrollen
	kontrollieren, du kontrollierst
sich	**konzentrieren**, du konzentrierst dich
das	**Konzert**, die Konzerte
der	**Kopf**, die Köpfe
der	**Kopfhörer**
das	**Kopfkissen**
der	**Kopfschmerz**
die	**Kopfstütze**
die	**Kopie**, die Kopien
	kopieren, du kopierst
das	**Kopiergerät**
der	**Koran**
der	**Korb**, die Körbe
die	**Kordel**, die Kordeln
die	**Kordhose**, auch: die Cordhose
der	**Kork**, auch: der Korken, die Korken
der	**Korkenzieher**
das	**Korn**, die Körner
der	**Körper**, die Körper
	korrekt
die	**Korrektur**, die Korrekturen
	korrigieren, du korrigierst

K k

die	**Kosmetikerin**
der	**Kosmonaut**
die	**Kosmonautin**
	kostbar
	kosten, du kostest (probieren)
	kosten, es kostet (viel Geld kosten)
	köstlich
das	**Kostüm**, die Kostüme
der	**Kot**
das	**Kotelett**, die Koteletts
der	**Köter**, die Köter
der	**Kotflügel**
	krabbeln, du krabbelst
der	**Krach**
	krachen, es kracht
	krächzen, du krächzt
die	**Kraft**, die Kräfte
das	**Kraftfahrzeug**
	kräftig
der	**Kragen**, die Kragen, auch: die Krägen
die	**Krähe**, die Krähen
	krähen, du krähst
die	**Kralle**, die Krallen
der	**Krampf**, die Krämpfe
der	**Kran**, die Kräne
der	**Kranführer**
	krank
das	**Krankenhaus**, die Krankenhäuser
der	**Krankenwagen**
die	**Krankheit**, die Krankheiten
der	**Kranz**, die Kränze
der	**Krapfen**, die Krapfen
	kratzen, du kratzt
	kraulen, du kraulst

	kraus
das	**Kraut**, die Kräuter
der	**Kräutertee**
die	**Krawatte**, die Krawatten
	kraxeln, du kraxelst
	kreativ
der	**Krebs**, die Krebse
die	**Kreide**, die Kreiden
	kreidebleich
der	**Kreis**, die Kreise
	kreischen, du kreischst
der	**Kreisel**, die Kreisel
die	**Kreissäge**
die	**Kreisstadt**, die Kreisstädte
die	**Krem**, die Krems, auch: die Kreme oder Creme
das	**Krepppapier**
das	**Kreuz**, die Kreuze
die	**Kreuzung**, die Kreuzungen
das	**Kreuzworträtsel**
	kribbeln, es kribbelt
	kriechen, du kriechst, er kroch
der	**Krieg**, die Kriege
	kriegen, du kriegst
der	**Krimi**, die Krimis
die	**Kriminalpolizei**
	kriminell
der	**Kringel**, die Kringel
die	**Krippe**, die Krippen (Futterkrippe)
das	**Krippenspiel**
	kritisch
	kritzeln, du kritzelst
er	**kroch** - kriechen
das	**Krokodil**, die Krokodile
der	**Krokus**, die Krokusse
die	**Krone**, die Kronen

K k

- die **Kröte**, die Kröten
- die **Krücke**, die Krücken
- der **Krug**, die Krüge
- der **Krümel**, die Krümel
- **krumm**
- die **Kruste**, die Krusten
- das **Kruzifix**, die Kruzifixe
- der **Kübel**, die Kübel
- die **Küche**, die Küchen
- der **Kuchen**, die Kuchen
- der **Kuckuck**, die Kuckucke
- die **Kufe**, die Kufen
- die **Kugel**, die Kugeln
- **kugelrund**
- der **Kugelschreiber**
- die **Kuh**, die Kühe
- **kühl**
- der **Kühlschrank**, die Kühlschränke
- **kühn**
- das **Küken**, die Küken
- die **Kulisse**, die Kulissen
- **kullern**, es kullert
- der **Kümmel**
- sich **kümmern**, du kümmerst dich
- der **Kumpel**, die Kumpel
- der **Kunde**
- die **Kundin**
- **künftig**
- die **Kunst**, die Künste
- der **Künstler**
- die **Künstlerin**
- das **Kunststück**
- **kunterbunt**
- die **Kuppel**, die Kuppeln
- die **Kur**, die Kuren

- die **Kurbel**, die Kurbeln
- der **Kürbis**, die Kürbisse
- **kurios**
- der **Kurs**, die Kurse
- die **Kurve**, die Kurven
- **kurvenreich**
- **kurz**, kürzer, am kürzesten
- **kurzärmlig**, auch: kurzärmelig
- **kurzsichtig**
- **kuscheln**, du kuschelst
- **kuschlig**, auch: kuschelig
- die **Kusine**, die Kusinen, auch: die Cousine
- der **Kuss**, die Küsse
- **küssen**, du küsst
- die **Küste**, die Küsten
- die **Kutsche**, die Kutschen
- der **Kutter**, die Kutter
- das **Kuvert** (sprich: *kuwär*), die Kuverts

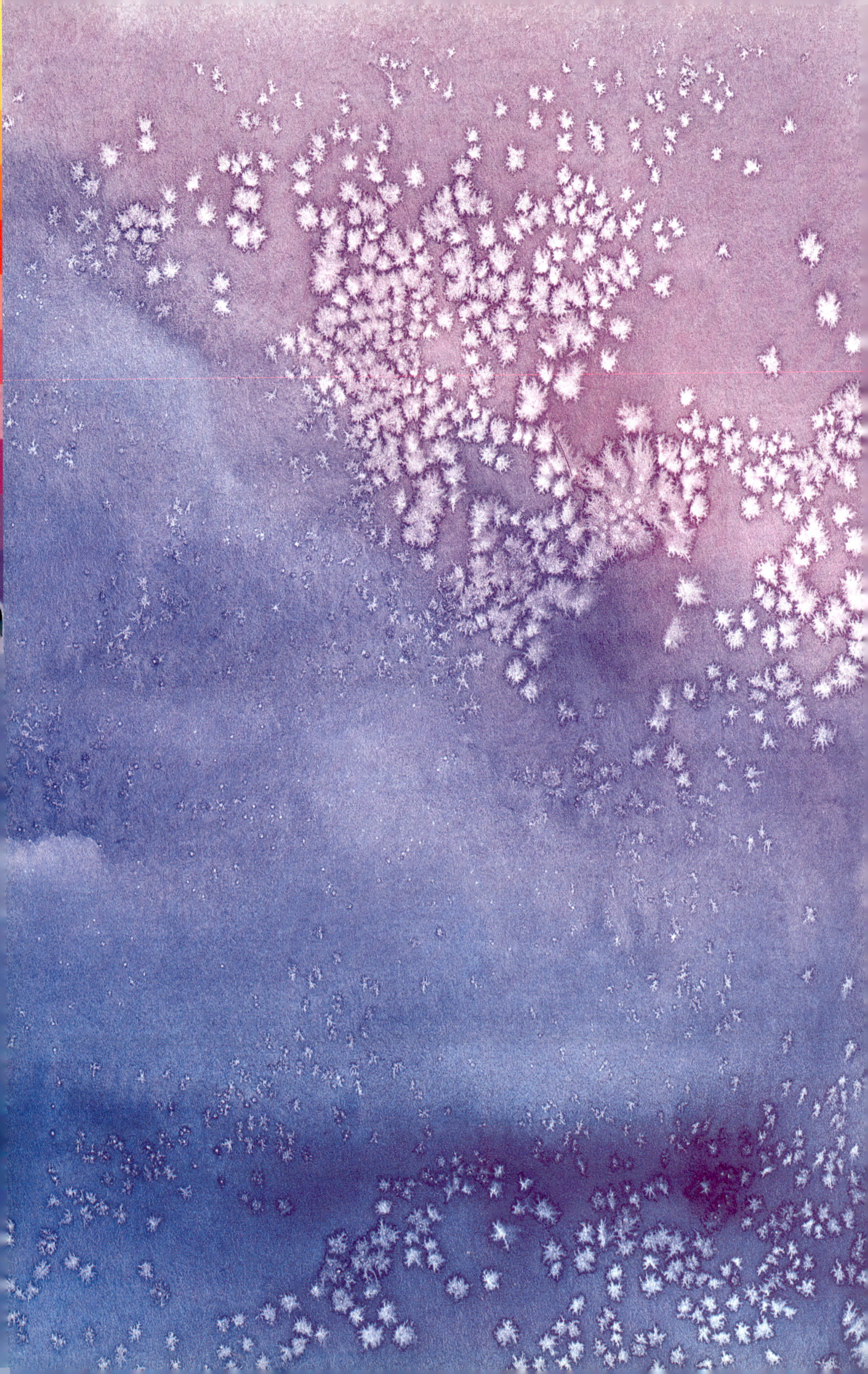

L l

l (Abkürzung für Liter)
das **Labor**, die Labors,
auch: die Labore
das **Labyrinth**, die Labyrinthe
lächeln, du lächelst
lachen, du lachst
lächerlich
der **Lachs**, die Lachse
der **Lack**, die Lacke
lackieren, du lackierst
laden, du lädst, er lud
der **Laden**, die Läden
du **lädst** - laden
er **lag** - liegen
das **Lager**, die Lager
lahm
der **Laib**, die Laibe
(ein Laib Brot)
der **Laich** (Froschlaich)
das **Laken**, die Laken
die **Lakritze**, die Lakritzen
lallen, du lallst
das **Lama**, die Lamas
das **Lametta**
das **Lamm**, die Lämmer
die **Lampe**, die Lampen
der **Lampion**, die Lampions
das **Land**, die Länder
die **Landkarte**
die **Landwirtschaft**
lang, länger, am längsten
langärmlig,
auch: langärmelig
langsam
langweilig
der **Lappen**, die Lappen
läppisch

die **Lärche**, die Lärchen
(Lärchenzapfen)
der **Lärm**
lärmen, du lärmst
der **Lärmschutz**
die **Larve**, die Larven
sie **las** - lesen
die **Lasche**, die Laschen
lassen, du lässt, sie ließ
lässig
das **Lasso**, die Lassos
du **lässt** - lassen
die **Last**, die Lasten
der **Laster**, die Laster
lästern, du lästerst
lästig
der **Lastkraftwagen**,
auch: der Lastwagen
Latein
die **Laterne**, die Laternen
latschen, du latschst
die **Latte**, die Latten
der **Latz**, die Lätze
lau
das **Laub**
der **Laubbaum**, die Laubbäume
lauern, du lauerst
der **Lauf**, die Läufe
laufen, du läufst, er lief
der **Läufer**
die **Läuferin**
du **läufst** - laufen
die **Laune**
launisch
die **Laus**, die Läuse
der **Lausbub**
lauschen, du lauschst

61

L l

	laut
der	**Laut**
	läuten, es läutet
der	**Lautsprecher**
die	**Lawine**, die Lawinen
	leben, du lebst
das	**Leben**
	lebendig
	lebensgefährlich
die	**Lebensmittel**
die	**Leber**, die Lebern
der	**Leberkäse**
	lebhaft
der	**Lebkuchen**
	lecken, du leckst
	lecker
der	**Leckerbissen**
das	**Leder**, die Leder
die	**Lederhose**
	ledig
	lediglich
	leer
	leeren, du leerst
	(den Papierkorb leeren)
	legen, du legst
die	**Legende**, die Legenden
der	**Lehm**
die	**Lehne**, die Lehnen
	lehren, du lehrst
	(ein Kunststück lehren)
der	**Lehrer**
die	**Lehrerin**
der	**Leib**, die Leiber
	(am ganzen Leib zittern)
die	**Leiche**, die Leichen
	(blass wie eine Leiche)
	leichenblass

der	**Leichnam**
	leicht
die	**Leichtathletik**
	leichtsinnig
	leiden, du leidest, er litt
	(an Kopfschmerzen leiden)
	leider
der	**Leierkasten**
	leiern, du leierst
	leihen, du leihst, sie lieh
der	**Leim**, die Leime
	leimen, du leimst
die	**Leine**, die Leinen
die	**Leinwand**
	leis, auch: leise
die	**Leiste**, die Leisten
	leisten, du leistest
	leiten, du leitest
	(eine Gruppenarbeit leiten)
die	**Leiter**, die Leitern
die	**Leitung**, die Leitungen
die	**Lektüre**
	lenken, du lenkst
der	**Leopard**, die Leoparden
die	**Lerche**, die Lerchen
	(Eine Lerche trillert.)
	lernen, du lernst
	lesbar
	lesen, du liest, sie las
	leserlich
	letzte, letzter, letztes
die	**Leuchte**, die Leuchten
	leuchten, es leuchtet
	leugnen, du leugnest
die	**Leute**
das	**Lexikon**, die Lexika, auch: die Lexiken

L l

die	**Libelle**, die Libellen	
das	**Licht**, die Lichter	
	lichtdurchlässig	
das	**Lid**, die Lider (das Augenlid)	
	lieb	
die	**Liebe**	
	lieben, du liebst	
	lieblich	
das	**Lieblingsspiel**	
das	**Lied**, die Lieder (ein Lied singen)	
	liederlich	
er	**lief** - laufen	
	liefern, du lieferst	
der	**Lieferwagen**	
die	**Liege**, die Liegen	
	liegen, du liegst, er lag	
der	**Liegestütz**, die Liegestützen	
sie	**lieh** - leihen	
sie	**ließ** - lassen	
du	**liest** - lesen	
der	**Lift**, die Lifte	
	lila	
die	**Limo**, die Limos	
die	**Limonade**, die Limonaden	
die	**Linde**, die Linden	
	lindern, du linderst	
das	**Lineal**, die Lineale	
die	**Linie**, die Linien	
	liniert	
	links	
der	**Linkshänder**	
das	**Linoleum**	
die	**Linse**, die Linsen	
die	**Lippe**, die Lippen	
	lispeln, du lispelst	
die	**Liste**, die Listen	

	listig
der	**Liter**, auch: das Liter, die Liter
die	**Literatur**
die	**Litfaßsäule**, die Litfaßsäulen
er	**litt** - leiden
	live (sprich: *laif*)
die	**Livesendung** (sprich: *laifsendung*)
der	**Lkw** (Abkürzung für Lastkraftwagen), die Lkws, auch: der LKW, die LKWs
das	**Lob**
	loben, du lobst
das	**Loch**, die Löcher
	löchrig, auch: löcherig
die	**Locke**, die Locken
	locker
	lockig
der	**Lodenmantel**, die Lodenmäntel
	lodern, es lodert
der	**Löffel**, die Löffel
	logisch
der	**Lohn**, die Löhne
die	**Loipe**, die Loipen
die	**Lok**, die Loks
das	**Lokal**, die Lokale
die	**Lokomotive**, die Lokomotiven
	los
das	**Los**, die Lose
das	**Löschblatt**, die Löschblätter
	löschen, du löschst
	losen, du lost
	lösen, du löst

L l

losfahren,
du fährst los, sie fuhr los
losgehen,
du gehst los, er ging los
loslassen,
du lässt los, sie ließ los
die **Lösung**, die Lösungen
löten, du lötest
der **Lotse**, die Lotsen
die **Lotterie**, die Lotterien
das **Lotto**
der **Löwe**, die Löwen
der **Luchs**, die Luchse
die **Lücke**, die Lücken
lückenlos
er **lud** - laden
die **Luft**, die Lüfte
der **Luftballon**, die Luftballons,
auch: die Luftballone
luftdicht
der **Luftdruck**
luftig
die **Lüftung**, die Lüftungen
die **Luftverschmutzung**
die **Lüge**, die Lügen
lügen, du lügst
die **Luke**, die Luken
der **Lümmel**, die Lümmel
sich **lümmeln**, du lümmelst dich
(an den Tisch)
der **Lumpen**, die Lumpen
die **Lunge**, die Lungen
die **Lungenentzündung**
die **Lupe**, die Lupen
der **Lurch**, die Lurche
die **Lust**
lustig

lutschen, du lutschst
Luxemburg
der **Luxemburger**
die **Luxemburgerin**
luxemburgisch
der **Luxus**

64

M m

m (Abkürzung für Meter)
machen, du machst
mächtig
das **Mädchen**, die Mädchen
die **Made**, die Maden
madig
die **Madonna**, die Madonnen
der **Magen**, die Magen, auch: die Mägen
mager
der **Magier**, die Magier
der **Magnet**, die Magneten, auch: die Magnete
magnetisch
du **magst** - mögen
der **Mähdrescher**
mähen, du mähst
mahlen, du mahlst (Kaffee mahlen)
die **Mahlzeit**
die **Mähne**, die Mähnen
mahnen, du mahnst
die **Mahnung**, die Mahnungen
der **Mai**
der **Main**
der **Mais**
die **Majonäse**, auch: die Mayonnaise
die **Makkaroni**
mal
das **Mal** (ein Muttermal)
malen, du malst (ein Bild malen)
der **Maler**, die Maler
das **Malzbier**
die **Mama**, die Mamas, auch: die Mami, die Mamis

das **Mammut**, die Mammuts
man
manch, manche, mancher, manches
manchmal
die **Mandarine**, die Mandarinen
die **Manege** (sprich: *maneesche*), die Manegen
mangelhaft
der **Mann**, die Männer
männlich
die **Mannschaft**
manschen, du manschst
der **Manschettenknopf**
der **Mantel**, die Mäntel
das **Mäppchen**, die Mäppchen
die **Mappe**, die Mappen
das **Märchen**, die Märchen
märchenhaft
die **Margarine**
der **Marienkäfer**, die Marienkäfer
die **Marionette**, die Marionetten
die **Mark**
die **Marke**, die Marken
markieren, du markierst
die **Markise**, die Markisen
der **Markt**, die Märkte
der **Marktplatz**, die Marktplätze
die **Marmelade**, die Marmeladen
der **Marmor**
der **Mars**
marschieren, du marschierst
der **Marterpfahl**, die Marterpfähle
das **Martinshorn**
der **März**
das **Marzipan**
die **Masche**, die Maschen

M m

die **Maschine**, die Maschinen
die **Masern**
die **Maske**, die Masken
sich **maskieren**,
du maskierst dich
das **Maskottchen**,
die Maskottchen
er **maß** - messen
das **Maß**
die **Massage**
(sprich: *masaasche*)
die **Masse**, die Massen
massieren, du massierst
massiv
der **Maßstab**, die Maßstäbe
der **Mast**, die Masten,
auch: die Maste
das **Match** (sprich: *mätsch*), die Matchs, auch: die Matche
das **Material**, die Materialien
die **Mathematik**
die **Matratze**, die Matratzen
der **Matrose**, die Matrosen
matschig
matt
die **Matte**, die Matten
die **Mauer**, die Mauern
das **Maul**, die Mäuler
maulen, du maulst
der **Maulwurf**, die Maulwürfe
der **Maurer**, die Maurer
die **Maus**, die Mäuse
die **Mayonnaise**,
auch: die Majonäse
meckern, du meckerst
Mecklenburg-Vorpommern

die **Medaille** (sprich: *medallje*), die Medaillen
das **Medikament**, die Medikamente
die **Medizin**
das **Meer**, die Meere
(im Meer baden)
der **Meerrettich**
das **Meerschweinchen**
das **Meerwasser**
das **Mehl**
mehr (mehr wollen) - viel
mehrere
mehrmals
die **Mehrwertsteuer**
die **Mehrzahl**
mein, meine
meinen, du meinst
die **Meinung**, die Meinungen
die **Meise**, die Meisen
der **Meißel**, die Meißel
am **meisten** - viel
meistens
der **Meister**
die **Meisterin**
die **Meisterschaft**
sich **melden**, du meldest dich
melken, du melkst
die **Melodie**, die Melodien
die **Melone**, die Melonen
das **Memory**, die Memorys
die **Menge**, die Mengen
der **Mensch**, die Menschen
die **Menstruation**
das **Menü**, die Menüs
merken, du merkst
der **Merksatz**, die Merksätze

66

M m

merkwürdig
die **Messe**, die Messen
messen, du misst, er maß
das **Messer**, die Messer
das **Messgerät**
das **Messing**
das **Metall**, die Metalle
metallic
der **Meteorit**, die Meteoriten
der **Meter**, auch: das Meter, die Meter
meterlang
das **Metermaß**, die Metermaße
die **Methode**, die Methoden
die **Mettwurst**, die Mettwürste
der **Metzger**, die Metzger
die **Metzgerei**, die Metzgereien
meutern, du meuterst
miauen, du miaust
mich
mickrig, auch: mickerig
die **Mickymaus**
die **Miene**, die Mienen (eine saure Miene machen)
mies
die **Miete**, die Mieten
mieten, du mietest
das **Mikrofon**, die Mikrofone, auch: das Mikrophon, die Mikrophone
das **Mikroskop**, die Mikroskope
die **Milch**
die **Milchflasche**
mild, auch: milde
die **Milliarde**, die Milliarden
der **Millimeter**, die Millimeter
die **Million**, die Millionen

der **Millionär**, die Millionäre
mindestens
das **Mineralwasser**
mini
das **Minigolf**
der **Minister**
die **Ministerin**
der **Ministrant**
die **Ministrantin**
minus
das **Minuszeichen**
die **Minute**, die Minuten
mir
mischen, du mischst
das **Mischmasch**
miserabel
der **Misserfolg**
das **Missgeschick**
die **Mission**, die Missionen
der **Missionar**
die **Missionarin**
du **misst** - messen
misstrauisch
der **Mist**

| mit |
| Mit |

mitbringen, du bringst mit, er brachte mit
miteinander
mitgehen, du gehst mit, sie ging mit
das **Mitglied**, die Mitglieder
der **Mitlaut**, die Mitlaute
das **Mitleid**
mitmachen, du machst mit
mitnehmen, du nimmst mit, er nahm mit

M m

der	**Mitschüler**
die	**Mitschülerin**
der	**Mittag**, die Mittage, eines Mittags, heute Mittag
das	**Mittagessen**
	mittags
die	**Mitte**
	mitteilen, du teilst mit
das	**Mittelalter**
das	**Mittelmeer**
	mitten
die	**Mitternacht**
der	**Mittwoch**, die Mittwoche
	mittwochs
	mixen, du mixt
der	**Mixer**, die Mixer
	mm (Abkürzung für Millimeter)
das	**Möbel**, die Möbel
er	**mochte** - mögen
er	**möchte** - mögen
die	**Mode**, die Moden
das	**Modell**, die Modelle
	modern
das	**Mofa**, die Mofas
	mogeln, du mogelst
	mögen, du magst, er mochte
	möglich
die	**Möglichkeit**, die Möglichkeiten
der	**Mohn**
die	**Möhre**, die Möhren
der	**Mohrenkopf**, die Mohrenköpfe
die	**Mohrrübe**
der	**Mokka**, die Mokkas
	mollig
der	**Moment**, die Momente
	momentan
der	**Monat**, die Monate
der	**Mönch**, die Mönche
der	**Mond**, die Monde
der	**Mondschein**
der	**Monitor**, die Monitore
das	**Monster**, die Monster
der	**Montag**, die Montage
die	**Montage** (sprich: *montaasche*), die Montagen
	montags
der	**Monteur** (sprich: *montör*), die Monteure
	montieren, du montierst
das	**Moor**, die Moore
das	**Moos**, die Moose
das	**Moped**, die Mopeds
der	**Mops**, die Möpse
der	**Morast**
der	**Mord**, die Morde
	morgen
der	**Morgen**, die Morgen, eines Morgens, heute Morgen
	morgens
	morsch
der	**Mörtel**
das	**Mosaik**, die Mosaike, auch: die Mosaiken
die	**Moschee**, die Moscheen
die	**Mosel**
der	**Moslem**
die	**Moslime**
der	**Motor**, die Motoren
das	**Motorboot**

M m

das **Motorrad**, die Motorräder
die **Motte**, die Motten
motzen, du motzt
die **Möwe**, die Möwen
die **Mücke**, die Mücken
der **Mückenstich**
mucksmäuschenstill
müde
die **Mühe**, die Mühen
die **Mühle**, die Mühlen
das **Mühlespiel**
mühsam
die **Mulde**, die Mulden
der **Müll**
die **Müllabfuhr**
die **Mullbinde**
der **Müllcontainer**
die **Mülldeponie**
der **Mülleimer**
die **Müllkippe**
die **Mülltonne**
die **Mülltrennung**
die **Multiplikation**, die Multiplikationen
multiplizieren, du multiplizierst
der **Mumps**
der **Mund**, die Münder
die **Mundharmonika**
die **Mündung**, die Mündungen
munkeln, du munkelst
munter
die **Münze**, die Münzen
der **Münzfernsprecher**
mürbe
die **Murmel**, die Murmeln
murmeln, du murmelst

das **Murmeltier**
murren, du murrst
mürrisch
das **Mus**
die **Muschel**, die Muscheln
das **Museum**, die Museen
die **Musik**
musikalisch
der **Musikant**
die **Musikantin**
der **Musiker**
die **Musikerin**
musizieren, du musizierst
der **Muskel**, die Muskeln
das **Müsli**, die Müslis
müssen, du musst
du **musst** - müssen
das **Muster**, die Muster
der **Mut**
mutig
die **Mutter**, die Mütter (meine Mutter)
die **Mutter**, die Muttern (Mutter und Schraube)
die **Muttersprache**
die **Mütze**, die Mützen

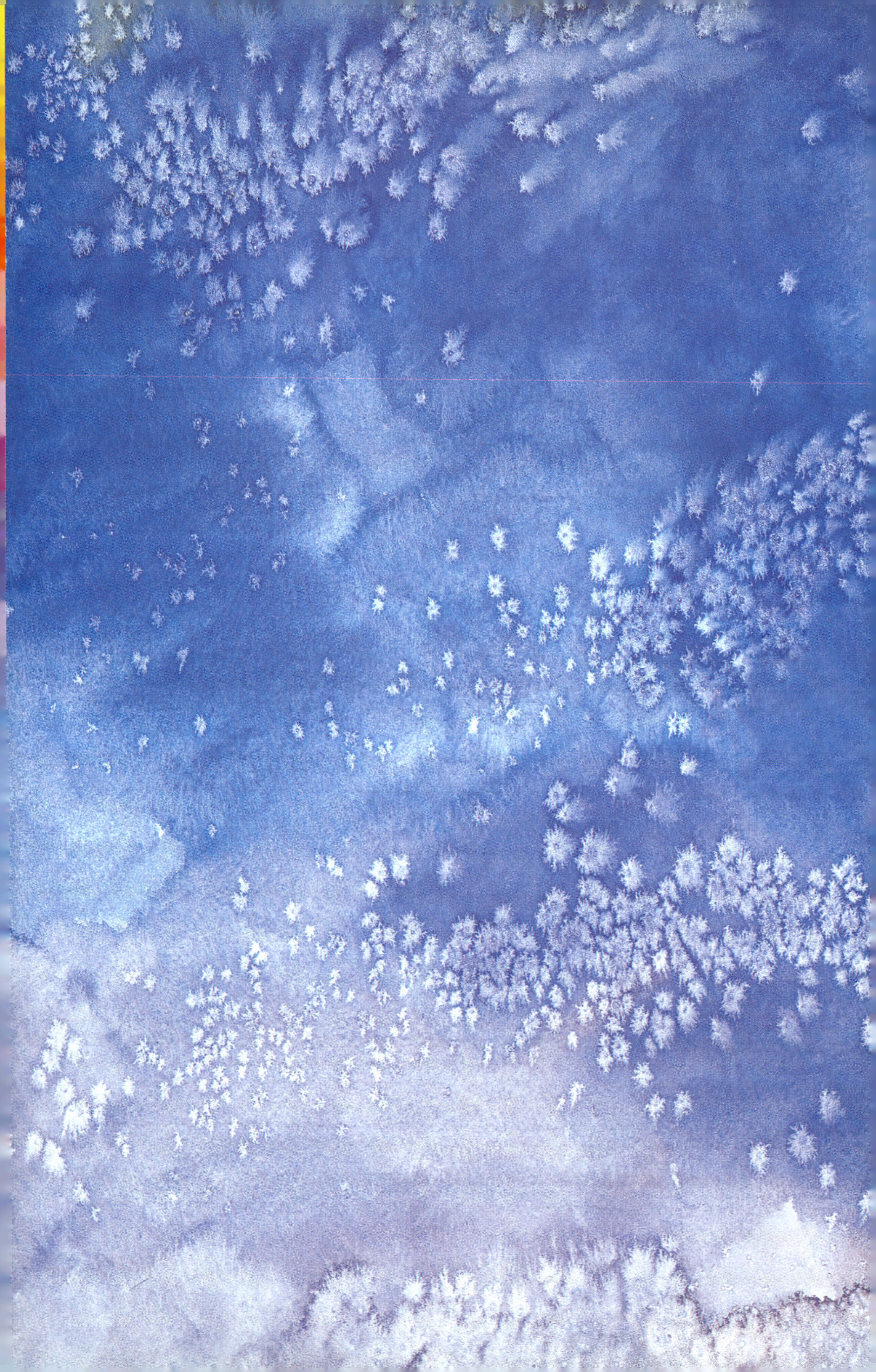

N n

der **Nabel**, die Nabel
nach
Nach
der **Nachbar**, die Nachbarn
die **Nachbarschaft**
nachdem
nachdenken, du denkst nach,
sie dachte nach
nacheinander
die **Nacherzählung**
nach Hause
nachher
der **Nachkomme**,
die Nachkommen
nachlässig
nachmachen,
du machst nach
der **Nachmittag**, die Nachmittage
nachmittags
der **Nachname**
die **Nachricht**, die Nachrichten
die **Nachrichtensendung**
die **Nachschrift**, die Nachschriften
die **Nachsilbe**, die Nachsilben
die **Nachspeise**, die Nachspeisen
nächste, nächster, nächstes
am **nächsten** - nah
nächstens
die **Nacht**, die Nächte
der **Nachteil**, die Nachteile
der **Nachtisch**, die Nachtische
nachträglich
nachts
der **Nachwuchs**
nachzählen, du zählst nach
der **Nacken**, die Nacken
nackt

die **Nadel**, die Nadeln
der **Nadelbaum**, die Nadelbäume
der **Nagel**, die Nägel
der **Nagellack**
nageln, du nagelst
nagen, du nagst
das **Nagetier**, die Nagetiere
nah, auch: nahe,
näher, am nächsten
die **Nähe**
nähen, du nähst
näher - nah
sie **nahm** - nehmen
die **Nähmaschine**
die **Nahrung**
die **Naht**, die Nähte
das **Nähzeug**
naiv
na ja!
der **Name**, die Namen
der **Namenstag**
das **Namenwort**, die Namenwörter
nämlich
er **nannte** - nennen
der **Napf**, die Näpfe
die **Narbe**, die Narben
die **Narkose**, die Narkosen
der **Narr**, die Narren
närrisch
die **Narzisse**, die Narzissen
naschen, du naschst
die **Nase**, die Nasen
das **Nasenbluten**
nass, nasser, am nassesten,
auch: nässer, am nässesten
die **Nation**, die Nationen
die **Natur**

71

N n

natürlich
der Nebel, die Nebel
neben
nebenan
nebeneinander
nebenher
neblig, auch: nebelig
der Neckar
necken, du neckst
der Neffe, die Neffen
negativ
der Negerkuss, die Negerküsse
nehmen, du nimmst, sie nahm
neidisch
sich neigen, es neigt sich
nein
der Nektar
die Nelke, die Nelken
nennen, du nennst, er nannte
der Nerv, die Nerven
nervös
das Nest, die Nester
nett
das Netz, die Netze
neu
neugierig
das Neujahr
neun, neunmal
neunzehn
neunzig
der Neuschnee
nicht
die Nichte, die Nichten
der Nichtraucher
nichts
nicken, du nickst
nie

nieder
die Niederlande
der Niederländer
die Niederländerin
niederländisch
der Niederschlag, die Niederschläge
niedlich
niedrig
niemals
niemand
die Niere, die Nieren
nieseln, es nieselt
niesen, du niest
das Niespulver
die Niete, die Nieten
der Nikolaus
das Nilpferd, die Nilpferde
du nimmst - nehmen
nippen, du nippst
nirgends
nirgendwo
die Nische, die Nischen
der Nistkasten, die Nistkästen
die Nixe, die Nixen
nobel
noch
nochmal
das Nomen, die Nomen, auch: die Nomina
der Nominativ
die Nonne, die Nonnen
der Nonsens
nonstop
der Norden
nördlich
der Nordpol

72

N n

	Nordrhein-Westfalen
die	**Nordsee**
	nörgeln, du nörgelst
	normal
	Norwegen
der	**Norweger**
die	**Norwegerin**
	norwegisch
die	**Not**, die Nöte
der	**Notarzt**, die Notärzte
der	**Notarztwagen**
die	**Note**, die Noten
	notieren, du notierst
	nötig
der	**Notizblock**, die Notizblöcke
der	**Notruf**
	notwendig
der	**November**
im	**Nu**
	nüchtern
	nuckeln, du nuckelst
die	**Nudel**, die Nudeln
	null
die	**Null**, die Nullen
der	**Nullpunkt**
die	**Nummer**, die Nummern
	nummerieren, du nummerierst
	nun
	nur
die	**Nuss**, die Nüsse
der	**Nussknacker**
	nützlich

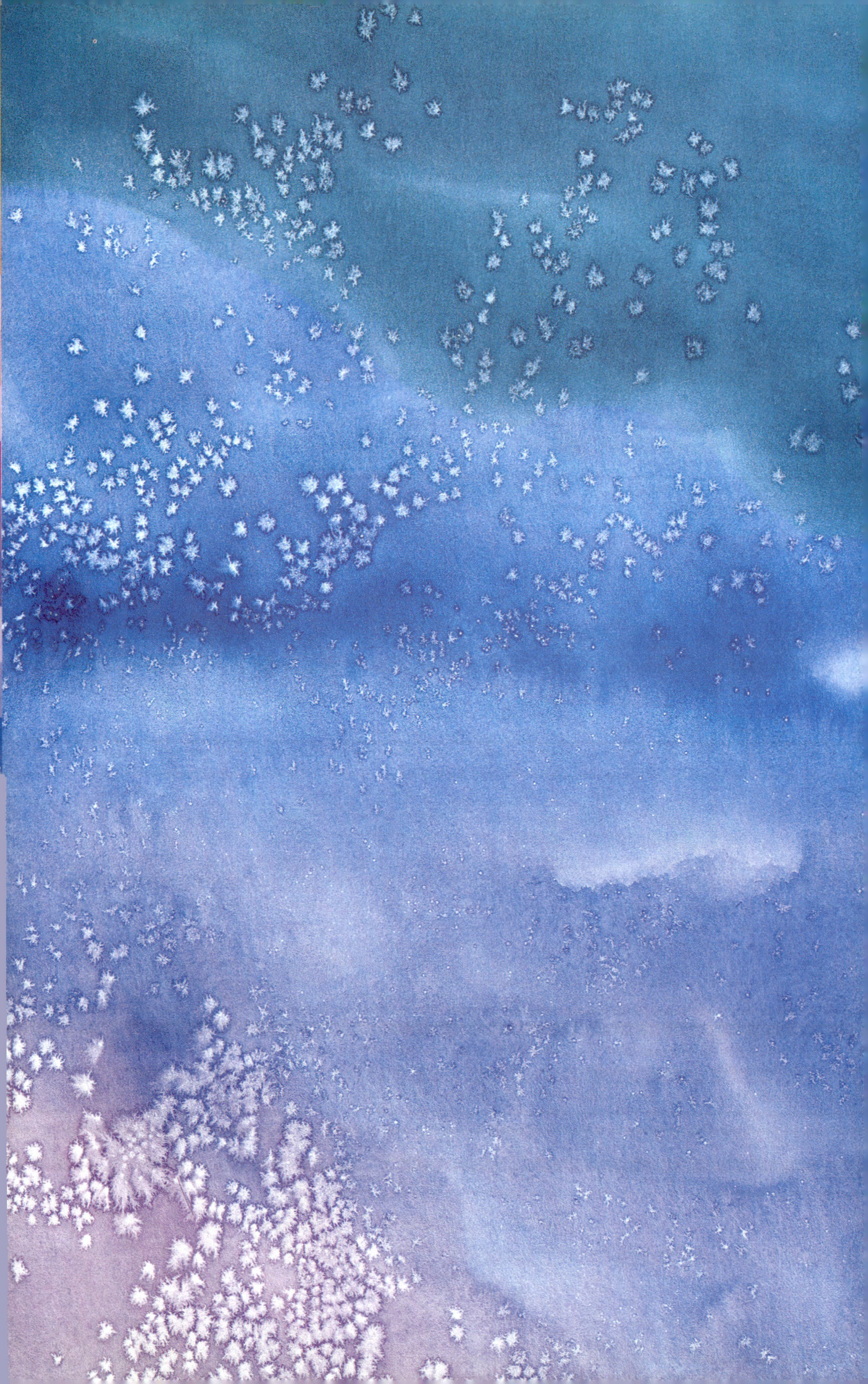

O o

die **Oase**, die Oasen
ob
Obacht geben, du gibst Obacht, er gab Obacht
die **O-Beine**
oben
der **Ober**, die Ober
die **Oberfläche**
oberhalb
der **Oberkiefer**
das **Objekt**, die Objekte
objektiv
die **Oblate**, die Oblaten
das **Obst**
die **Obstsorten**
obwohl
der **Ochse**, die Ochsen
ocker
öd, auch: öde
oder
die **Oder**
der **Ofen**, die Öfen
offen
öffentlich
offiziell
öffnen, du öffnest
die **Öffnung**, die Öffnungen
oft, öfter, am öftesten
oh!
ohne
ohnmächtig
das **Ohr**, die Ohren
oje!
o.k. (Abkürzung für okay)
okay
der **Oktober**
das **Öl**, die Öle

ölen, du ölst
ölig
die **Olive**, die Oliven
der **Öltank**, die Öltanks
die **Olympiade**, die Olympiaden
die **Olympischen Spiele**
die **Oma**, die Omas, auch: die Omi, die Omis
das **Omelett**, die Omeletts
der **Omnibus**, die Omnibusse
der **Onkel**, die Onkel
der **Opa**, die Opas, auch: der Opi, die Opis
die **Oper**, die Opern
die **Operation**, die Operationen
operieren, du wirst operiert
das **Opfer**, die Opfer
optimal
orange
die **Orange**, die Orangen
der **Orang-Utan**, die Orang-Utans
das **Orchester**
die **Orchidee**, die Orchideen
ordentlich
ordnen, du ordnest
die **Ordnung**
das **Organ**, die Organe
organisieren, du organisierst
die **Orgel**, die Orgeln
der **Orient**
orientalisch
sich **orientieren**, du orientierst dich
original
originell
der **Orkan**, die Orkane
der **Ort**, die Orte

O o

- die **Ortschaft**, die Ortschaften
- der **Osten**
- **Ostern**
- **Österreich**
- der **Österreicher**
- die **Österreicherin**
- **österreichisch**
- **östlich**
- die **Ostsee**
- **oval**
- der **Overall**, die Overalls
- der **Overheadprojektor**
- **o weh!**
- der **Ozean**, die Ozeane
- das **Ozonloch**
- die **Ozonschicht**
- der **Ozonwert**

P p

ein **paar** (ein paar Sachen)
das **Paar**, die Paare
(ein Paar Schuhe)
das **Päckchen**, die Päckchen
packen, du packst
(einen Koffer packen)
das **Packpapier**
die **Packung**, die Packungen
das **Paddel**, die Paddel
paddeln, du paddelst
das **Paket**, die Pakete
der **Palast**, die Paläste
die **Palme**, die Palmen
der **Palmsonntag**
die **Pampelmuse**
die **Panik**
die **Panne**, die Pannen
der **Panther**, auch: der Panter
der **Pantoffel**, die Pantoffeln
der **Panzer**, die Panzer
der **Papa**, die Papas,
auch: der Papi, die Papis
der **Papagei**, die Papageien
das **Papier**, die Papiere
der **Papierkorb**, die Papierkörbe
der **Pappdeckel**,
auch: der Pappendeckel
die **Pappe**, die Pappen
die **Pappel**, die Pappeln
der **Paprika**, die Paprika,
auch: die Paprikas
der **Papst**, die Päpste
das **Paradies**, die Paradiese
parallel
das **Pärchen**, die Pärchen
der **Parcours** (sprich: *parkuur*),
die Parcours

das **Parfüm**, die Parfüme,
auch: das Parfum,
die Parfums
der **Park**, die Parks
der **Parka**, die Parkas
parken, du parkst
das **Parkett**
der **Parkplatz**, die Parkplätze
das **Parlament**, die Parlamente
die **Partei**, die Parteien
der **Partner**
die **Partnerin**
die **Party**, die Partys
der **Pass**, die Pässe
der **Passagier**
(sprich: *passaschiir*),
die Passagiere
der **Passant**
die **Passantin**
das **Passbild**
passen, du passt
passieren, es passiert
passiv
die **Paste**, die Pasten
die **Pastete**, die Pasteten
der **Pastor**
die **Pastorin**
der **Pate**
der **Patient**
die **Patientin**
die **Patin**
die **Patrone**, die Patronen
pauken, du paukst
die **Pause**, die Pausen
der **Pavian**, die Paviane
der **Pazifik**
der **Pazifische Ozean**

P p

der **PC** (Abkürzung für Personal Computer)
das **Pech**
das **Pedal**, die Pedale
peinlich
die **Peitsche**, die Peitschen
der **Pelikan**, die Pelikane
die **Pelle**, die Pellen
pellen, du pellst
der **Pelz**, die Pelze
pelzig
das **Pendel**, die Pendel
der **Pendler**, die Pendler
peng!
der **Penis**
die **Pension**, die Pensionen
perfekt
die **Periode**, die Perioden
die **Perle**, die Perlen
die **Person**, die Personen
der **Personalausweis**
das **Personalpronomen**, die Personalpronomen, auch: die Personalpronomina
persönlich
die **Perücke**, die Perücken
die **Petersilie**
das **Petroleum**
petzen, du petzt
Pf (Abkürzung für Pfennig)
der **Pfad**, die Pfade
der **Pfadfinder**
der **Pfahl**, die Pfähle
das **Pfand**, die Pfänder
die **Pfandflasche**
die **Pfanne**, die Pfannen
der **Pfannkuchen**

der **Pfarrer**, die Pfarrer
der **Pfau**, die Pfauen
der **Pfeffer**
die **Pfefferminze**
die **Pfeife**, die Pfeifen
pfeifen, du pfeifst, sie pfiff
der **Pfeil**, die Pfeile
der **Pfeiler**, die Pfeiler
der **Pfennig**, die Pfennige
das **Pferd**, die Pferde
sie **pfiff** - pfeifen
der **Pfiff**, die Pfiffe
der **Pfifferling**, die Pfifferlinge
pfiffig
Pfingsten
der **Pfirsich**, die Pfirsiche
die **Pflanze**, die Pflanzen
pflanzen, du pflanzt
das **Pflaster**, die Pflaster
die **Pflaume**, die Pflaumen
pflegen, du pflegst
der **Pfleger**
die **Pflegerin**
die **Pflicht**, die Pflichten
pflücken, du pflückst
der **Pflug**, die Pflüge
pflügen, du pflügst
die **Pforte**, die Pforten
der **Pfosten**, die Pfosten
die **Pfote**, die Pfoten
pfui!
das **Pfund**, die Pfunde
pfuschen, du pfuschst
die **Pfütze**, die Pfützen
die **Phantasie**, die Phantasien, auch: die Fantasie

Pp

phantastisch, auch: fantastisch
die **Photographie**, die Photographien, auch: die Fotografie
die **Physik**
der **Pickel**, die Pickel
picken, er pickt
das **Picknick**, die Picknicks
piekfein
piepen, es piept
piepsen, es piepst
der **Pilger**, die Pilger
die **Pille**, die Pillen
der **Pilot**
die **Pilotin**
das **Pils** (Bier)
der **Pilz**, die Pilze (Pilze suchen)
der **Pinguin**, die Pinguine
pink
die **Pinnwand**, die Pinnwände
der **Pinsel**, die Pinsel
die **Pinzette**, die Pinzetten
der **Pirat**, die Piraten
die **Piste**, die Pisten
die **Pistole**, die Pistolen
die **Pizza**, die Pizzas, auch: die Pizzen
die **Pizzeria**, die Pizzerien, auch: die Pizzerias
der **Pkw** (Abkürzung für Personenkraftwagen), die Pkws, auch: der PKW, die PKWs
sich **plagen**, du plagst dich
das **Plakat**, die Plakate
die **Plakette**, die Plaketten

der **Plan**, die Pläne
planen, du planst
der **Planet**, die Planeten
die **Planke**, die Planken
das **Plantschbecken**, auch: das Planschbecken
plantschen, du plantschst, auch: planschen
plappern, du plapperst
plärren, du plärrst
das **Plastik** (ein Plastikeimer)
das **Plastilin**
plätschern, es plätschert
platt
die **Platte**, die Platten
der **Platz**, die Plätze
das **Plätzchen**, die Plätzchen
platzen, es platzt
plaudern, du plauderst
das **Play-back** (sprich: *plebäk*), auch: das Playback
pleite
die **Plombe**, die Plomben
plombieren, er plombiert
plötzlich
plump
plündern, du plünderst
der **Plural**
plus
der **Po**, die Pos, auch: der Popo
pochen, du pochst
das **Podium**, die Podien
das **Poesiealbum**, die Poesiealben
der **Pokal**, die Pokale
das **Pokalspiel**
der **Pol**, die Pole

79

P p

der **Pole**
Polen
die **Polin**
die **Politesse**
der **Politiker**
die **Politikerin**
die **Polizei**
der **Polizist**
die **Polizistin**
der **Pollen**, die Pollen
polnisch
das **Polster**, die Polster
poltern, du polterst
die **Pommes frites**
(sprich: *pommfrit*)
das **Pony**, die Ponys
der **Pool** (sprich: *puul*), die Pools
die **Popmusik**
der **Popo**, die Popos,
auch: der Po
populär
die **Pore**, die Poren
die **Portion**, die Portionen
das **Portmonee**, die Portmonees,
auch: das Portemonnaie
das **Porto**
Portugal
der **Portugiese**
die **Portugiesin**
portugiesisch
das **Porzellan**, die Porzellane
die **Posaune**, die Posaunen
positiv
die **Post**
das **Postamt**, die Postämter
das **Poster**, die Poster
prächtig

das **Prädikat**, die Prädikate
prahlen, du prahlst
praktisch
die **Praline**, die Pralinen
prall
die **Prämie**, die Prämien
die **Präposition**,
die Präpositionen
die **Prärie**
das **Präsens**
prasseln, es prasselt
das **Präteritum**
die **Praxis**, die Praxen
die **Predigt**, die Predigten
der **Preis**, die Preise
das **Preisausschreiben**
preiswert
prellen, du prellst
pressen, du presst
pressieren, es pressiert
der **Priester**, die Priester
prima
primitiv
der **Prinz**
die **Prinzessin**
die **Prise**, die Prisen
(eine Prise Salz)
die **Pritsche**, die Pritschen
privat
die **Probe**, die Proben
probieren, du probierst
das **Problem**, die Probleme
das **Produkt**, die Produkte
der **Professor**
die **Professorin**
der **Profi**, die Profis
das **Programm**, die Programme

80

P p

das **Projekt**, die Projekte
der **Projektor**, die Projektoren
prominent
prompt
das **Pronomen**, die Pronomen,
auch: die Pronomina
der **Propeller**, die Propeller
der **Prophet**, die Propheten
prosit!, auch: prost!
der **Prospekt**, die Prospekte
der **Protestant**
die **Protestantin**
protestantisch
protestieren,
du protestierst
das **Protokoll**, die Protokolle
der **Prozess**, die Prozesse
die **Prozession**,
die Prozessionen
prüfen, du prüfst
die **Prüfung**, die Prüfungen
die **Prügel**
prusten, du prustest
PS (Abkürzung für
Pferdestärke)
die **Pubertät**
das **Publikum**
der **Pudding**, die Puddings
der **Pudel**, die Pudel
der **Puder**, die Puder
der **Pulli**, die Pullis
der **Pullover**, die Pullover
der **Pullunder**, die Pullunder
der **Puls**
der **Pulsschlag**, die Pulsschläge
das **Pult**, die Pulte
das **Pulver**, die Pulver

die **Pumpe**, die Pumpen
pumpen, du pumpst
der **Punkt**, die Punkte
pünktlich
die **Pupille**, die Pupillen
die **Puppe**, die Puppen
pur
der **Purzelbaum**,
die Purzelbäume
purzeln, du purzelst
pusten, du pustest
putzen, du putzt
putzig
puzzeln, du puzzelst
das **Puzzle**, die Puzzles
der **Pyjama** (sprich: *püdschama*),
die Pyjamas
die **Pyramide**, die Pyramiden

81

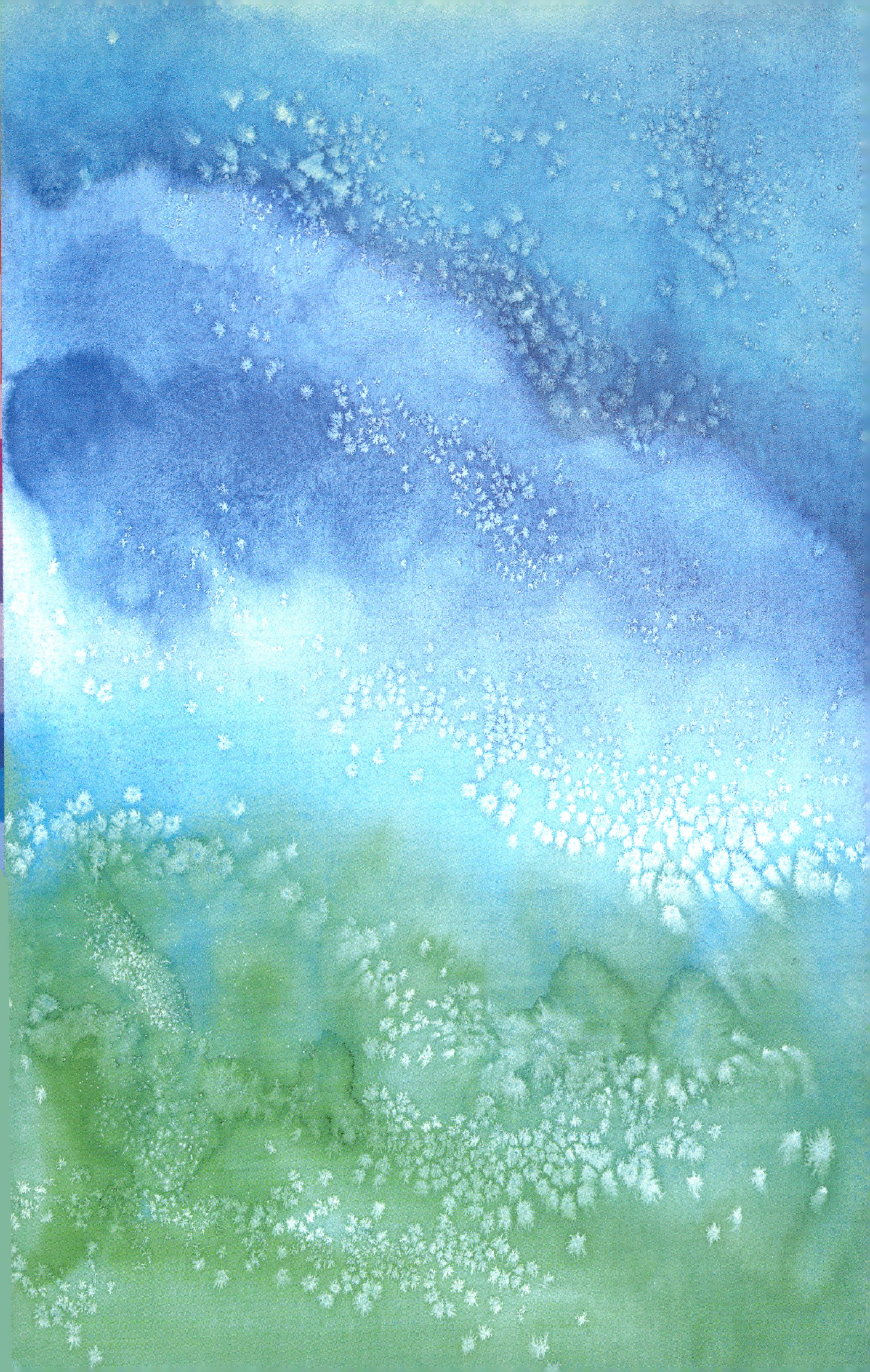

Qu qu

der	**Quader**, die Quader
das	**Quadrat**, die Quadrate
	quadratisch
der	**Quai**, die Quais,
	auch: der Kai
	quaken, er quakt
	quälen, du quälst
die	**Qualität**
die	**Qualle**, die Quallen
der	**Qualm**
	qualmen, es qualmt
der	**Quark**
das	**Quartett**, die Quartette
das	**Quartier**, die Quartiere
	quasseln, du quasselst
der	**Quatsch**
	quatschen, du quatschst
das	**Quecksilber**
die	**Quelle**, die Quellen
	quellen, es quillt, es quoll
	quer
	querfeldein
	quetschen, du quetschst
	quicklebendig
	quieken, du quiekst
	quietschen, du quietschst
	quietschvergnügt
es	**quillt** - quellen
der	**Quirl**, die Quirle
	quitt
die	**Quittung**, die Quittungen
das	**Quiz**, die Quiz
es	**quoll** - quellen
der	**Quotient**, die Quotienten

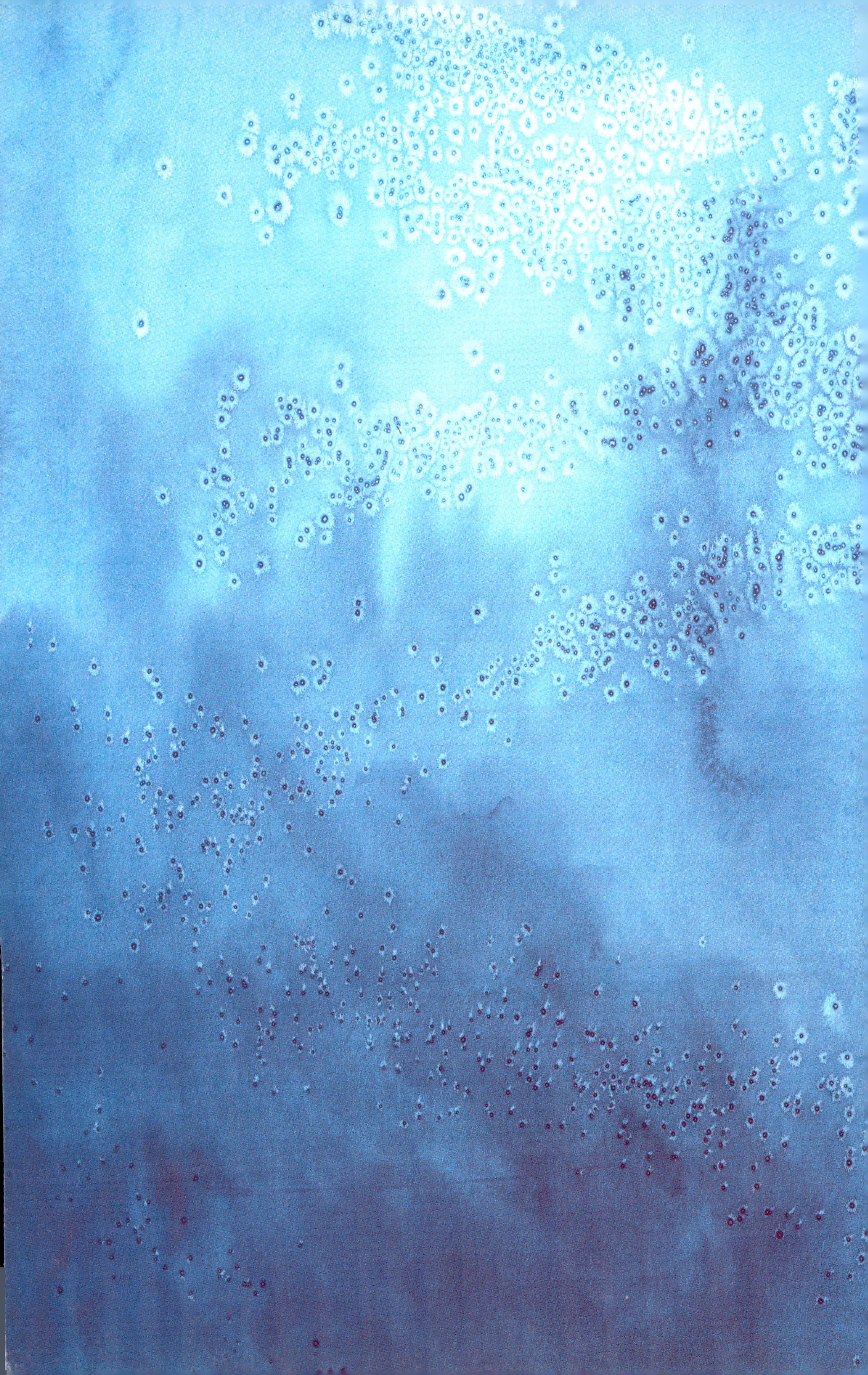

R r

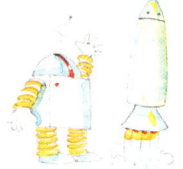

der **Rabe**, die Raben
rabenschwarz
die **Rache**
der **Rachen**, die Rachen
sich **rächen**, du rächst dich
(ein Unrecht rächen)
das **Rad**, die Räder
der **Radau**
der **Radfahrer**
die **Radfahrerin**
radieren, du radierst
der **Radiergummi**
das **Radieschen**,
die Radieschen
das **Radio**, die Radios
raffiniert
ragen, es ragt
der **Rahm**
der **Rahmen**, die Rahmen
sich **räkeln**, du räkelst dich,
auch: sich rekeln
die **Rakete**, die Raketen
die **Rallye** (sprich: *rälli*),
die Rallyes
der **Ramadan**
rammen, du rammst
die **Ranch** (sprich: *ränsch*), die
Ranchs, auch: die Ranches
der **Rand**, die Ränder
der **Rang**, die Ränge
rangeln, du rangelst
rangieren, du rangierst
es **rann** - rinnen
sie **rannte** - rennen
der **Ranzen**, die Ranzen
ranzig
der **Rappe**, die Rappen

der **Raps**
rar
rasant
rasch
rascheln, du raschelst
rasen, du rast
der **Rasen**, die Rasen
der **Rasierapparat**
sich **rasieren**, du rasierst dich
raspeln, du raspelst
die **Rasse**, die Rassen
rasseln, du rasselst
rasten, du rastest
die **Raststätte**,
die Raststätten
die **Rate**, die Raten
(eine Rate zahlen)
raten, du rätst, sie riet
ratschen, du ratschst
das **Rätsel**, die Rätsel
du **rätst** - raten
die **Ratte**, die Ratten
(eine Ratte beobachten)
rattern, du ratterst
rau
rauben, du raubst
der **Räuber**, die Räuber
der **Rauch**
rauchen, du rauchst
rauf
der **Raufbold**, die Raufbolde
raufen, du raufst
die **Rauferei**, die Raufereien
der **Raum**, die Räume
räumen, du räumst
die **Raupe**, die Raupen
raus

R r

rauschen, es rauscht
das Rauschgift
rauskommen, du kommst raus, sie kam raus
sich räuspern, du räusperst dich
die Ravioli
reagieren, du reagierst
die Reaktion, die Reaktionen
die Realschule
der Realschüler
die Realschülerin
die Rebe, die Reben
rechen, du rechst (das Beet rechen)
der Rechen, die Rechen
der Rechenfehler
rechnen, du rechnest
die Rechnung, die Rechnungen
recht
das Recht
das Rechteck
rechts
die Rechtschreibung
rechtzeitig
das Reck, die Recks, auch: die Recke
sich recken, du reckst dich
der Recorder, die Recorder, auch: der Rekorder
das Recycling (sprich: *risaikling*)
reden, du redest
das Regal, die Regale
die Regatta, die Regatten
rege
die Regel, die Regeln
regelmäßig

der Regen
der Regenbogen
der Regenschirm
der Regentropfen
regieren, sie regiert
regnen, es regnet
das Reh, die Rehe
reiben, du reibst, sie rieb
reich
reichen, du reichst
reif
der Reif
der Reifen, die Reifen
die Reifenpanne
die Reihe, die Reihen
der Reiher, die Reiher
reimen, du reimst
sich reimen, es reimt sich
rein
reinfallen, du fällst rein, er fiel rein
reinigen, du reinigst
reinkommen, du kommst rein, er kam rein
der Reis
die Reise, die Reisen
das Reisebüro
reisen, du reist (nach Italien reisen)
das Reisig
das Reiskorn, die Reiskörner
reißen, du reißt, er riss (Ein Seil reißt.)
der Reißverschluss, die Reißverschlüsse
reiten, du reitest, sie ritt
reizend

86

R r

die	**Reklame**, die Reklamen	
	reklamieren, du reklamierst	
der	**Rekorder**, die Rekorder	
	auch: der Recorder	
der	**Rektor**	
die	**Rektorin**	
	relativ	
die	**Religion**, die Religionen	
	rempeln, du rempelst	
	rennen,	
	du rennst, sie rannte	
	renovieren, du renovierst	
die	**Rente**, die Renten	
der	**Rentner**	
die	**Rentnerin**	
die	**Reparatur**, die Reparaturen	
	reparieren, du reparierst	
die	**Reportage**	
	(sprich: *reportaasche*),	
	die Reportagen	
der	**Reporter**	
die	**Reporterin**	
die	**Republik**, die Republiken	
	reservieren, du reservierst	
der	**Respekt**	
der	**Rest**, die Reste	
das	**Restaurant**	
	(sprich: *restorang*),	
	die Restaurants	
	retten, du rettest	
der	**Rettich**, die Rettiche	
die	**Reue**	
das	**Revier**, die Reviere	
der	**Revolver**, die Revolver	
das	**Rezept**, die Rezepte	
der	**Rhabarber**	
der	**Rhein**	

	Rheinland-Pfalz
	rhythmisch
der	**Rhythmus**, die Rhythmen
	richten, du richtest
der	**Richter**, die Richter
	richtig
die	**Richtung**, die Richtungen
sie	**rieb** - reiben
	riechen, es riecht, es roch
sie	**rief** - rufen
der	**Riegel**, die Riegel
der	**Riemen**, die Riemen
der	**Riese**, die Riesen
	rieseln, es rieselt
	riesengroß
	riesig (ein riesiger Berg)
sie	**riet** - raten
die	**Rille**, die Rillen
das	**Rind**, die Rinder
die	**Rinde**, die Rinden
der	**Rinderwahnsinn**
der	**Ring**, die Ringe
	ringen, du ringst
der	**Ringkampf**, die Ringkämpfe
	ringsherum
	rinnen, es rinnt, es rann
die	**Rippe**, die Rippen
das	**Risiko**, die Risikos,
	auch: die Risiken
er	**riss** - reißen
der	**Riss**, die Risse
	rissig (eine rissige Wand)
sie	**ritt** - reiten
der	**Ritter**, die Ritter
die	**Ritze**, die Ritzen
die	**Robbe**, die Robben
der	**Roboter**, die Roboter

R r

robust
es roch - riechen
der Rock, die Röcke
der Rocker, die Rocker
rodeln, du rodelst
der Roggen
roh
das Rohr, die Rohre
die Röhre, die Röhren
die Rolle, die Rollen
rollen, du rollst
die Rollerblades
die Rollerskates
der Rollmops, die Rollmöpse
der Rollschuh, die Rollschuhe
der Roman, die Romane
röntgen, du wirst geröntgt
rosa
die Rose, die Rosen
die Rosine, die Rosinen
das Ross, die Rösser
der Rost, die Roste
rosten, es rostet
rösten, du röstest
rot
das Rote Kreuz
rubbeln, du rubbelst
die Rübe, die Rüben
rücken, du rückst
der Rücken, die Rücken
rückenschwimmen
die Rückfahrkarte
der Rucksack, die Rucksäcke
die Rücksicht
der Rückspiegel
der Rückstrahler
rückwärts

der Rüde, die Rüden
das Rudel, die Rudel
das Ruder, die Ruder
rudern, du ruderst
der Ruf, die Rufe
rufen, du rufst, sie rief
die Ruhe
ruhig
rühren, du rührst
die Ruine, die Ruinen
rülpsen, du rülpst
Rumänien
rumänisch
der Rummelplatz
rumoren, du rumorst
die Rumpelkammer
rumpeln, es rumpelt
der Rumpf, die Rümpfe
rund
die Runde, die Runden
der Rundfunk
runter
runzlig, auch: runzelig
rupfen, du rupfst
der Ruß
der Rüssel, die Rüssel
rußig
russisch
Russland
rustikal
die Rüstung, die Rüstungen
die Rute, die Ruten
die Rutschbahn
die Rutsche, die Rutschen
rutschen, du rutschst
rütteln, du rüttelst

S s

der **Saal**, die Säle
Saarland
die **Saat**, die Saaten
die **Sache**, die Sachen
sächlich
Sachsen
Sachsen-Anhalt
sächsisch
der **Sack**, die Säcke
die **Sackgasse**
säen, du säst
der **Saft**, die Säfte
saftig
die **Sage**, die Sagen
die **Säge**, die Sägen
sagen, du sagst
sägen, du sägst
sagenhaft
die **Sägespäne**
er **sah** - sehen
die **Sahne**
die **Saite**, die Saiten
(die Saite der Gitarre)
der **Salamander**
die **Salami**, die Salamis
der **Salat**, die Salate
das **Salatöl**
die **Salbe**, die Salben
der **Salto**, die Saltos,
auch: die Salti
das **Salz**
der **Salzhering**
salzig
die **Salzkartoffel**
der **Samen**, auch: der Same,
die Samen
sammeln, du sammelst

die **Sammlung**, die Sammlungen
der **Samstag**, die Samstage
samstags
der **Samt**
sämtlich, sämtliche
das **Sanatorium**, die Sanatorien
der **Sand**
die **Sandale**, die Sandalen
sandig
der **Sandkasten**, die Sandkasten,
auch: die Sandkästen
der **Sandstrand**, die Sandstrände
er **sandte** - senden
das **Sandwich**
(sprich: *sändwitsch*),
die Sandwichs,
auch: die Sandwiches
sanft
sie **sang** - singen
der **Sänger**
die **Sängerin**
der **Sanitäter**
die **Sanitäterin**
er **sank** - sinken
der **Sarg**, die Särge
sie **saß** - sitzen
der **Satellit**, die Satelliten
satt
der **Sattel**, die Sättel
der **Satz**, die Sätze
die **Satzaussage**
der **Satzgegenstand**
das **Satzzeichen**
die **Sau**, die Säue,
auch: die Sauen
sauber
das **Sauerkraut**

S s

der **Sauerstoff**
saufen, du säufst, er soff
du **säufst** - saufen
saugen, du saugst
das **Säugetier**
der **Säugling**, die Säuglinge
die **Säule**, die Säulen
der **Saum**
die **Sauna**, die Saunas,
auch: die Saunen
der **Saurier**, die Saurier
sausen, du saust
die **S-Bahn**, die S-Bahnen
der **Scanner** (sprich: *skänner*),
die Scanner
schäbig
die **Schablone**, die Schablonen
das **Schach**
das **Schachbrett**
der **Schacht**, die Schächte
die **Schachtel**, die Schachteln
schade
der **Schädel**, die Schädel
der **Schaden**, die Schäden
schädlich
das **Schaf**, die Schafe
der **Schäferhund**
schaffen, du schaffst,
er schaffte (Das schaffst du.)
schaffen,
du schaffst, er schuf
(ein Kunstwerk schaffen)
der **Schaffner**
die **Schaffnerin**
der **Schafkäse**,
auch: der Schafskäse

der **Schal**, die Schale,
auch: die Schals
die **Schale**, die Schalen
schälen, du schälst
der **Schall**
die **Schallplatte**
er **schalt** - schelten
schalten, du schaltest
der **Schalter**, die Schalter
das **Schaltjahr**
die **Schaltung**
sich **schämen**, du schämst dich
die **Schande**
die **Schanze**, die Schanzen
die **Schar**, die Scharen
scharf, schärfer,
am schärfsten
der **Scharlach**
scharren, du scharrst
der **Schaschlik**,
auch: das Schaschlik,
die Schaschliks
der **Schatten**, die Schatten
schattig
der **Schatz**, die Schätze
schätzen, du schätzt
schauen, du schaust
der **Schauer**, die Schauer
die **Schaufel**, die Schaufeln
schaufeln, du schaufelst
das **Schaufenster**
die **Schaukel**, die Schaukeln
schaukeln, du schaukelst
der **Schaum**
schäumen, es schäumt
der **Schaumstoff**
der **Schauspieler**

S s

die	**Schauspielerin**
der	**Scheck**, die Schecks
	scheckig
die	**Scheibe**, die Scheiben
die	**Scheide**, die Scheiden
die	**Scheidung**
	scheinbar
	scheinen,
	es scheint, es schien
der	**Scheitel**, die Scheitel
	schellen, du schellst
der	**Schelm**
	schelten,
	du schiltst, er schalt
der	**Schemel**, die Schemel
der	**Schenkel**, die Schenkel
	schenken, du schenkst
	scheppern, es scheppert
die	**Scherbe**, die Scherben
die	**Schere**, die Scheren
der	**Scherz**, die Scherze
	scherzen, du scherzt
	scheu
	scheuchen, du scheuchst
	scheuern, du scheuerst
die	**Scheune**, die Scheunen
	scheußlich
der	**Schi**, die Schi, auch: die Schier, auch: der Ski
die	**Schicht**, die Schichten
	schick, auch: chic
	schicken, du schickst
das	**Schicksal**, die Schicksale
	schieben,
	du schiebst, sie schob
die	**Schiebetür**
der	**Schiedsrichter**
	schief
	schielen, du schielst
es	**schien** - scheinen
das	**Schienbein**
die	**Schiene**, die Schienen
	schießen,
	du schießt, er schoss
das	**Schiff**, die Schiffe
die	**Schifffahrt**
das	**Schild**, die Schilder
	schildern, du schilderst
die	**Schildkröte**, die Schildkröten
das	**Schilf**
du	**schiltst** - schelten
der	**Schimmel**, die Schimmel
	schimmern, es schimmert
	schimmlig
der	**Schimpanse**, die Schimpansen
	schimpfen, du schimpfst
das	**Schimpfwort**, die Schimpfwörter
der	**Schinken**, die Schinken
die	**Schippe**, die Schippen
der	**Schirm**, die Schirme
	schlachten, du schlachtest
der	**Schlaf**
der	**Schlafanzug**, die Schlafanzüge
	schlafen,
	du schläfst, sie schlief
	schlaff
du	**schläfst** - schlafen
der	**Schlag**, die Schläge
	schlagen,
	du schlägst, er schlug
der	**Schlager**, die Schlager

91

S s

der	**Schläger**, die Schläger			**schlicht**
die	**Schlägerei**		sie	**schlief** - schlafen
	schlägern, du schlägerst			**schließen**,
die	**Schlagsahne**			du schließt, er schloss
du	**schlägst** - schlagen			**schließlich**
der	**Schlamassel**,			**schlimm**
	auch: das Schlamassel			**schlingen**,
der	**Schlamm**			du schlingst, sie schlang
die	**Schlamperei**		die	**Schlingpflanze**
	schlampig		der	**Schlitten**, die Schlitten
sie	**schlang** - schlingen		der	**Schlittschuh**
die	**Schlange**, die Schlangen		der	**Schlitz**, die Schlitze
sich	**schlängeln**,		das	**Schlitzohr**
	du schlängelst dich		er	**schloss** - schließen
	schlank		das	**Schloss**, die Schlösser
	schlapp		der	**Schlosser**
das	**Schlaraffenland**		die	**Schlosserei**
	schlau			**schlottern**, du schlotterst
der	**Schlauch**, die Schläuche		die	**Schlucht**, die Schluchten
	schlecht			**schluchzen**, du schluchzt
	schlecken, du schleckst		der	**Schluck**, die Schlucke
	schleichen,			**schlucken**, du schluckst
	du schleichst, sie schlich		er	**schlug** - schlagen
der	**Schleier**, die Schleier			**schlummern**, du schlummerst
die	**Schleife**, die Schleifen			**schlüpfen**, du schlüpfst
	schleifen, du schleifst		das	**Schlupfloch**,
der	**Schleim**			die Schlupflöcher
	schleimig			**schlurfen**, du schlurfst
	schlendern, du schlenderst			**schlürfen**, du schlürfst
	schlenzen, du schlenzt		der	**Schluss**, die Schlüsse
die	**Schleppe**, die Schleppen		der	**Schlüssel**, die Schlüssel
	schleppen, du schleppst		das	**Schlüsselloch**,
	Schleswig-Holstein			die Schlüssellöcher
	schleudern, du schleuderst			**schmackhaft**
	schleunigst			**schmal**
die	**Schleuse**, die Schleusen			**schmecken**, du schmeckst
sie	**schlich** - schleichen			

92

S s

    schmeicheln,
    du schmeichelst
    schmeißen,
    du schmeißt, er schmiss
    schmelzen,
    es schmilzt, es schmolz
der **Schmerz**, die Schmerzen
    schmerzen, es schmerzt
    schmerzhaft
der **Schmetterling**,
    die Schmetterlinge
der **Schmied**, die Schmiede
    schmieren, du schmierst
der **Schmierfink**
es **schmilzt** - schmelzen
sich **schminken**,
    du schminkst dich
das **Schmirgelpapier**
er **schmiss** - schmeißen
    schmökern, du schmökerst
    schmollen, du schmollst
es **schmolz** - schmelzen
    schmücken, du schmückst
das **Schmuckstück**
    schmuggeln,
    du schmuggelst
    schmunzeln,
    du schmunzelst
    schmusen, du schmust
der **Schmutz**
    schmutzig
der **Schnabel**, die Schnäbel
die **Schnake**, die Schnaken
die **Schnalle**, die Schnallen
    schnalzen, du schnalzt
    schnappen, du schnappst

der **Schnappschuss**,
    die Schnappschüsse
    schnarchen, du schnarchst
    schnattern, du schnatterst
    schnaufen, du schnaufst
die **Schnauze**, die Schnauzen
sich **schnäuzen**,
    du schnäuzt dich
die **Schnecke**, die Schnecken
der **Schnee**
der **Schneeball**, die Schneebälle
die **Schneeflocke**
der **Schneemann**,
    die Schneemänner
    schneeweiß
    schneiden,
    du schneidest, sie schnitt
der **Schneider**
die **Schneiderin**
der **Schneidezahn**,
    die Schneidezähne
    schneien, es schneit
    schnell
    schnippeln, du schnippelst
sie **schnitt** - schneiden
der **Schnittlauch**
die **Schnittwunde**
das **Schnitzel**, die Schnitzel
    schnitzen, du schnitzt
der **Schnorchel**, die Schnorchel
    schnorcheln,
    du schnorchelst
    schnüffeln, du schnüffelst
der **Schnuller**, die Schnuller
der **Schnupfen**
    schnuppern, du schnupperst
die **Schnur**, die Schnüre

S s

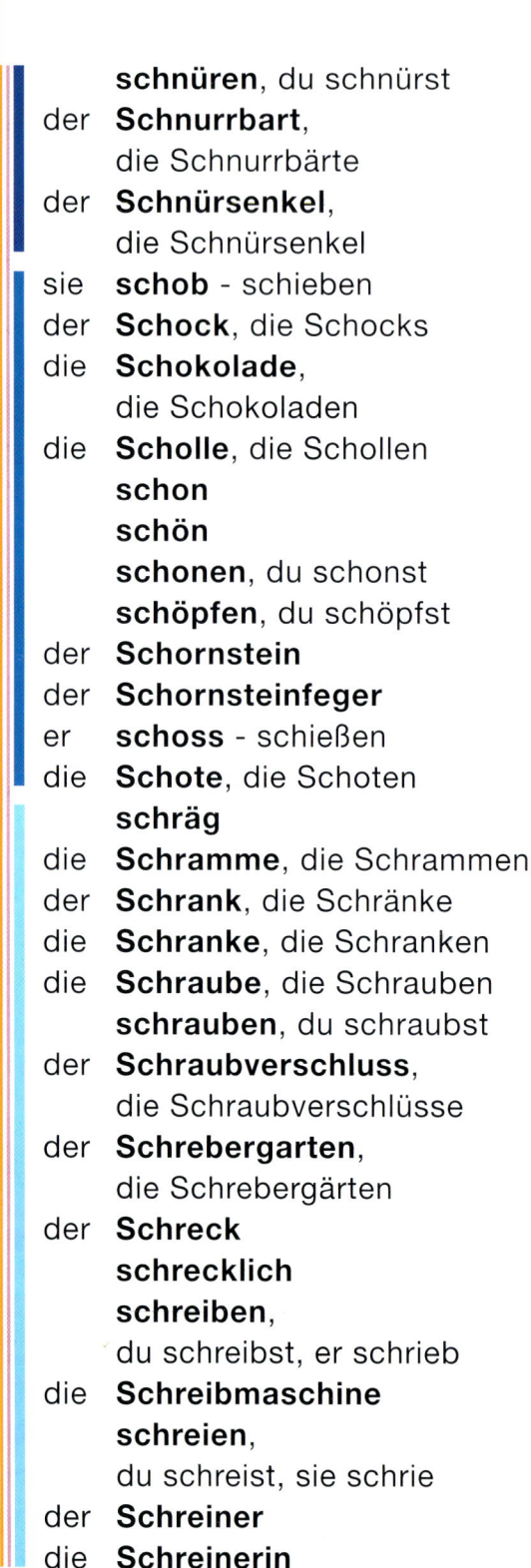

	schnüren, du schnürst
der	**Schnurrbart**, die Schnurrbärte
der	**Schnürsenkel**, die Schnürsenkel
sie	**schob** - schieben
der	**Schock**, die Schocks
die	**Schokolade**, die Schokoladen
die	**Scholle**, die Schollen
	schon
	schön
	schonen, du schonst
	schöpfen, du schöpfst
der	**Schornstein**
der	**Schornsteinfeger**
er	**schoss** - schießen
die	**Schote**, die Schoten
	schräg
die	**Schramme**, die Schrammen
der	**Schrank**, die Schränke
die	**Schranke**, die Schranken
die	**Schraube**, die Schrauben
	schrauben, du schraubst
der	**Schraubverschluss**, die Schraubverschlüsse
der	**Schrebergarten**, die Schrebergärten
der	**Schreck**
	schrecklich
	schreiben, du schreibst, er schrieb
die	**Schreibmaschine**
	schreien, du schreist, sie schrie
der	**Schreiner**
die	**Schreinerin**

	schreiten, du schreitest, er schritt
sie	**schrie** - schreien
er	**schrieb** - schreiben
die	**Schrift**, die Schriften
er	**schritt** - schreiten
der	**Schritt**, die Schritte
der	**Schrott**
	schrubben, du schrubbst
die	**Schubkarre**, die Schubkarren
die	**Schublade**, die Schubladen
	schubsen, du schubst
	schüchtern
er	**schuf** - schaffen
der	**Schuft**
	schuften, du schuftest
der	**Schuh**, die Schuhe
die	**Schuhcreme**, auch: die Schuhkreme oder die Schuhkrem
die	**Schularbeiten**
der	**Schulbus**, die Schulbusse
	schuld
	schuldig
die	**Schule**, die Schulen
der	**Schüler**
die	**Schülerin**
das	**Schuljahr**
die	**Schulter**, die Schultern
	schummeln, du schummelst
	schunkeln, du schunkelst
die	**Schuppe**, die Schuppen (Schuppen eines Fischs)
der	**Schuppen**, die Schuppen (Geräteschuppen)
die	**Schürze**, die Schürzen
der	**Schuss**, die Schüsse

S s

die **Schüssel**, die Schüsseln
der **Schuster**, die Schuster
der **Schutt**
    schütteln, du schüttelst
    schütten, du schüttest
der **Schutz**
das **Schutzblech**
der **Schütze**, die Schützen
    schützen, du schützt
der **Schutzmann**,
    die Schutzleute
    schwach,
    schwächer, am schwächsten
der **Schwager**, die Schwäger
die **Schwägerin**
die **Schwalbe**, die Schwalben
sie **schwamm** - schwimmen
der **Schwamm**, die Schwämme
der **Schwan**, die Schwäne
er **schwang** - schwingen
    schwanger
die **Schwangerschaft**
    schwanken, du schwankst
der **Schwanz**, die Schwänze
    schwärmen, du schwärmst
    schwarz, schwärzer,
    am schwärzesten
    schwatzen, du schwatzt,
    auch: schwätzen
    schweben, du schwebst
der **Schwede**
    Schweden
die **Schwedin**
    schwedisch
    schweigen,
    du schweigst, er schwieg
    schweigsam

das **Schwein**, die Schweine
die **Schweinerei**,
    die Schweinereien
der **Schweiß**
die **Schweiz**
der **Schweizer**
die **Schweizerin**
    schwellen,
    es schwillt, es schwoll
    schwenken, du schwenkst
    schwer
    schwerhörig
das **Schwert**, die Schwerter
die **Schwester**, die Schwestern
er **schwieg** - schweigen
    schwierig
die **Schwierigkeit**,
    die Schwierigkeiten
es **schwillt** - schwellen
das **Schwimmbad**,
    die Schwimmbäder
    schwimmen,
    du schwimmst, sie schwamm
die **Schwimmflosse**
    schwindeln, du schwindelst
    schwindlig,
    auch: schwindelig
    schwingen,
    du schwingst, er schwang
    schwitzen, du schwitzt
es **schwoll** - schwellen
sie **schwor** - schwören
    schwören,
    du schwörst, sie schwor
    schwül
der **Schwung**, die Schwünge
    sechs, sechsmal

S s

	sechzehn
	sechzig
die	**See** (Meer)
der	**See**, die Seen (Enten auf dem See)
die	**Seele**, die Seelen
der	**Seemann**, die Seeleute
das	**Segelboot**
	segeln, du segelst
der	**Segen**
	sehen, du siehst, er sah
die	**Sehenswürdigkeit**
die	**Sehne**, die Sehnen
sich	**sehnen**, du sehnst dich
die	**Sehnsucht**
	sehnsüchtig
	sehr
	seicht
ihr	**seid** - sein
die	**Seide**, die Seiden (eine Bluse aus Seide)
der	**Seidenfaden**, die Seidenfäden
die	**Seife**, die Seifen
die	**Seifenblase**
das	**Seil**, die Seile
die	**Seilbahn**
	sein, du bist, sie war
	sein, seine
	seit (seit gestern)
	seitdem
die	**Seite**, die Seiten (die Seite im Buch)
	seitwärts
der	**Sekretär**
das	**Sekretariat**, die Sekretariate
die	**Sekretärin**

der	**Sekt**
die	**Sekte**, die Sekten
die	**Sekunde**, die Sekunden
	sekundenlang
	selber
	selbst
der	**Selbstlaut**
	selbstständig, auch: selbständig
	selbstverständlich
	selig
	selten
das	**Selterswasser**
	seltsam
das	**Semester**, die Semester
das	**Seminar**, die Seminare
die	**Semmel**, die Semmeln
die	**Semmelbrösel**
	senden, du sendest, er sandte
der	**Sender**, die Sender
die	**Sendung**, die Sendungen
der	**Senf**
	senkrecht
die	**Senkrechte**, die Senkrechten
die	**Sensation**, die Sensationen
	sensationell
die	**Sense**, die Sensen
der	**Sensor**, die Sensoren
der	**September**
die	**Serie**, die Serien
die	**Serpentine**, die Serpentinen
der	**Service** (sprich: *sörwiss*)
	servieren, du servierst
die	**Serviette**, die Servietten
der	**Sessel**, die Sessel
der	**Sessellift**

96

S s

sich **setzen**, du setzt dich
die **Seuche**, die Seuchen
seufzen, du seufzt
sexy
das **Shampoo**
(sprich: *schampu*),
die Shampoos
der **Sheriff**, die Sheriffs
die **Shorts**
die **Show**, die Shows
die **Shrimps**
sich
die **Sichel**, die Sicheln
sicher
der **Sicherheitsgurt**
die **Sicherung**, die Sicherungen
die **Sicht**
sichtbar
sie
das **Sieb**, die Siebe
sieben, du siebst
(Mehl sieben)
sieben, siebenmal
siebzehn
siebzig
die **Siedlung**, die Siedlungen
der **Sieg**, die Siege
siegen, du siegst
der **Sieger**
die **Siegerehrung**
die **Siegerin**
du **siehst** - sehen
das **Signal**, die Signale
die **Silbe**, die Silben
die **Silberhochzeit**
die **Silbermedaille**
(sprich: *silbermedallje*)

silbern
das **Silo**, die Silos
der **Silvester**,
auch: das Silvester
der **Silvesterabend**
simpel
sie **sind** - sein
singen, du singst, sie sang
der **Single**, die Singles
der **Singular**
sinken, du sinkst, er sank
der **Sinn**, die Sinne
die **Sirene**, die Sirenen
der **Sirup**
die **Situation**, die Situationen
der **Sitz**, die Sitze
sitzen, du sitzt, sie saß
die **Sitzung**, die Sitzungen
die **Skala**, die Skalen
das **Skateboard**,
(sprich: *sketbord*),
die Skateboards
das **Skelett**, die Skelette
der **Sketsch**, die Sketsche, auch:
der Sketch, die Sketche
der **Ski**, die Ski, auch: die Skier,
auch: der Schi
die **Skizze**, die Skizzen
der **Slalom**, die Slaloms
der **Slip**, die Slips
slowakisch
die **Slowakische Republik**
der **Smog**
so
sobald
die **Socke**, die Socken
der **Sockel**, die Sockel

S s

das **Sofa**, die Sofas
er **soff** - saufen
sofort
das **Softeis**
die **Software** (sprich: *softwär*)
sogar
sogleich
die **Sohle**, die Sohlen
der **Sohn**, die Söhne
die **Solarenergie**
solch, solche, solcher, solches
der **Soldat**, die Soldaten
sollen, du sollst
solo
der **Sommer**, die Sommer
die **Sommerferien**
die **Sommersprosse**
das **Sonderangebot**
die **Sonderfahrt**
sondern
der **Song**, die Songs
der **Sonnabend**, die Sonnabende
sonnabends
die **Sonne**
sich **sonnen**, du sonnst dich
der **Sonnenaufgang**
der **Sonnenbrand**
die **Sonnenfinsternis**
der **Sonnenuntergang**
sonnig
der **Sonntag**, die Sonntage
sonntags
sonst
sooft
der **Sopran**

sich **sorgen**, du sorgst dich
das **Sorgenkind**
sorgfältig
die **Sorte**, die Sorten
sortieren, du sortierst
SOS
die **Soße**, die Soßen
der **Sound** (sprich: *saunt*)
das **Souvenir** (sprich: *suweniir*), die Souvenirs
sowieso
sowohl
sozial
die **Spaghetti**, auch: die Spagett
die **Spalte**, die Spalten
spalten, du spaltest
der **Span**, die Späne
das **Spanferkel**
die **Spange**, die Spangen
Spanien
der **Spanier**
die **Spanierin**
spanisch
spannen, du spannst
spannend
die **Spannung**
sparen, du sparst
der **Spargel**, die Spargel
die **Sparkasse**
sparsam
der **Spaß**, die Späße
der **Spaßvogel**, die Spaßvögel
spät
der **Spaten**, die Spaten
spätestens
der **Spatz**, die Spatzen
spazieren, du spazierst

98

S s

der **Spaziergang**,
  die Spaziergänge
der **Specht**, die Spechte
der **Speck**
der **Speer**, die Speere
die **Speiche**, die Speichen
der **Speichel**
der **Speicher**, die Speicher
  speichern, du speicherst
die **Speise**, die Speisen
die **Speisekarte**,
  auch: die Speisenkarte
  speisen, du speist
das **Spektakel**
die **Spende**, die Spenden
  spenden, du spendest
  spendieren, du spendierst
der **Sperling**, die Sperlinge
das **Sperma**, die Spermen,
  auch: die Spermata
  sperren, du sperrst
der **Sperrmüll**
sich **spezialisieren**,
  du spezialisierst dich
der **Spezialist**
die **Spezialistin**
die **Spezialität**
  spicken, du spickst
der **Spickzettel**
der **Spiegel**, die Spiegel
die **Spiegelschrift**
das **Spiel**, die Spiele
  spielen, du spielst
der **Spielfilm**
der **Spielplatz**, die Spielplätze
die **Spielsachen**
das **Spielzeug**

der **Spieß**, die Spieße
der **Spinat**
  spindeldürr
die **Spinne**, die Spinnen
der **Spion**
die **Spionin**
die **Spirale**, die Spiralen
der **Spiritus**
das **Spital**, die Spitäler
  spitz
die **Spitze**, die Spitzen
  spitzen, du spitzt
der **Spitzname**
der **Splitter**, die Splitter
der **Sport**
der **Sportler**
die **Sportlerin**
  sportlich
der **Sportplatz**, die Sportplätze
der **Sportverein**
der **Spot**, die Spots
  (ein Werbespot)
  spottbillig
sie **sprach** - sprechen
die **Sprache**, die Sprachen
der **Sprachfehler**
  sprachlos
er **sprang** - springen
der **Spray**, auch: das Spray,
  die Sprays
  sprechen,
  du sprichst, sie sprach
  sprengen, du sprengst
du **sprichst** - sprechen
das **Sprichwort**, die Sprichwörter
  sprießen,
  es sprießt, es spross

S s

der	**Springbrunnen**
	springen,
	du springst, er sprang
die	**Spritze**, die Spritzen
	spritzen, du spritzt
es	**spross** - sprießen
der	**Spross**, die Sprossen
	(Weizensprossen)
die	**Sprosse**, die Sprossen
	(Sprossen der Leiter)
der	**Spruch**, die Sprüche
der	**Sprudel**
	sprudeln, es sprudelt
	sprühen, du sprühst
der	**Sprung**, die Sprünge
das	**Sprungbrett**
die	**Sprungschanze**
die	**Spucke**
	spucken, du spuckst
	(weit spucken)
der	**Spuk**
	spuken, es spukt
	(Zur Geisterstunde spukt es.)
die	**Spukgeschichte**
die	**Spüle**, die Spülen
	spülen, du spülst
die	**Spülmaschine**
die	**Spur**, die Spuren
	spüren, du spürst
	spurlos
der	**Staat**, die Staaten
	staatlich
der	**Stab**, die Stäbe
der	**Stabhochsprung**
	stabil
er	**stach** - stechen
der	**Stachel**, die Stacheln

	stachlig, auch: stachelig
das	**Stadion**, die Stadien
die	**Stadt**, die Städte
der	**Stadtrat**, die Stadträte
die	**Stadträtin**
die	**Staffel**, die Staffeln
die	**Staffelei**, die Staffeleien
der	**Staffellauf**, die Staffelläufe
er	**stahl** - stehlen
der	**Stahl** (eine Klinge aus Stahl)
der	**Stall**, die Ställe
	(ein Stall für Tiere)
der	**Stamm**, die Stämme
der	**Stammbaum**
	stammeln, du stammelst
	stampfen, du stampfst
sie	**stand** - stehen
der	**Stand**, die Stände
die	**Stange**, die Stangen
der	**Stängel**, die Stängel
es	**stank** - stinken
	stänkern, du stänkerst
der	**Stapel**, die Stapel
	stapeln, du stapelst
	stapfen, du stapfst
der	**Star**, die Stare (der Vogel)
der	**Star**, die Stars
	(der Fernsehstar)
er	**starb** - sterben
	stark, stärker, am stärksten
	starr
	starren, du starrst
der	**Start**, die Starts
	starten, du startest
die	**Station**, die Stationen
	statt
	stattdessen

100

S s

stattfinden,
es findet statt, es fand statt
die **Statue**, die Statuen
der **Stau**, die Staus,
auch: die Staue
der **Staub**
staubig
der **Staubsauger**
staunen, du staunst
das **Steak** (sprich: *stek*),
die Steaks
stechen,
du stichst, er stach
die **Stechmücke**
die **Steckdose**
stecken, du steckst
das **Steckenpferd**
die **Stecknadel**
der **Steg**, die Stege
stehen, du stehst, sie stand
die **Stehlampe**
stehlen, du stiehlst, er stahl
der **Stehplatz**, die Stehplätze
steif
steigen, du steigst, sie stieg
steil
der **Stein**, die Steine
der **Steinbruch**, die Steinbrüche
steinig
die **Stelle**, die Stellen
stellen, du stellst
der **Stellvertreter**
die **Stellvertreterin**
die **Stelze**, die Stelzen
der **Stempel**, die Stempel
stempeln, du stempelst
die **Steppe**, die Steppen

sterben, du stirbst, er starb
die **Stereoanlage**
der **Stern**, die Sterne
die **Sternschnuppe**
stets
das **Steuer**, die Steuer
(das Steuer des Autos)
die **Steuer**, die Steuern
(Steuern zahlen)
der **Steuermann**
steuern, du steuerst
du **stichst** - stechen
das **Stichwort**, die Stichwörter
sticken, du stickst
der **Sticker**, die Sticker
stickig
der **Stiefel**, die Stiefel
sie **stieg** - steigen
du **stiehlst** - stehlen
der **Stiel**, die Stiele (Besenstiel)
der **Stier**, die Stiere
sie **stieß** - stoßen
der **Stift**, die Stifte
still
der **Stille Ozean**
die **Stimme**, die Stimmen
stimmen, es stimmt
die **Stimmgabel**
stinken, es stinkt, es stank
stinkfaul
du **stirbst** - sterben
die **Stirn**, auch: die Stirne,
die Stirnen
das **Stirnband**, die Stirnbänder
stöbern, du stöberst
der **Stock**, die Stöcke
(Spazierstock)

101

S s

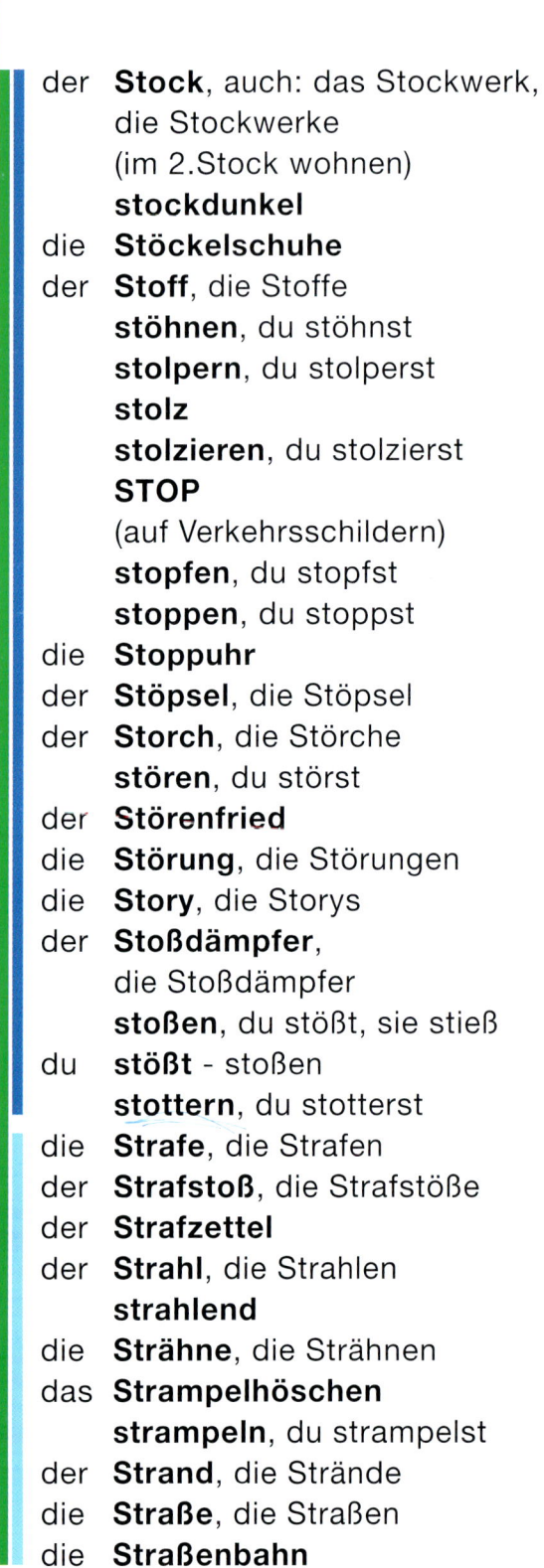

der **Stock**, auch: das Stockwerk,
die Stockwerke
(im 2.Stock wohnen)
stockdunkel
die **Stöckelschuhe**
der **Stoff**, die Stoffe
stöhnen, du stöhnst
stolpern, du stolperst
stolz
stolzieren, du stolzierst
STOP
(auf Verkehrsschildern)
stopfen, du stopfst
stoppen, du stoppst
die **Stoppuhr**
der **Stöpsel**, die Stöpsel
der **Storch**, die Störche
stören, du störst
der **Störenfried**
die **Störung**, die Störungen
die **Story**, die Storys
der **Stoßdämpfer**,
die Stoßdämpfer
stoßen, du stößt, sie stieß
du **stößt** - stoßen
stottern, du stotterst
die **Strafe**, die Strafen
der **Strafstoß**, die Strafstöße
der **Strafzettel**
der **Strahl**, die Strahlen
strahlend
die **Strähne**, die Strähnen
das **Strampelhöschen**
strampeln, du strampelst
der **Strand**, die Strände
die **Straße**, die Straßen
die **Straßenbahn**

die **Straßenkreuzung**
der **Straßenverkehr**
der **Strauch**, die Sträucher
der **Strauß**, die Sträuße
strebsam
die **Strecke**, die Strecken
sich **strecken**, du streckst dich
der **Streich**, die Streiche
streicheln, du streichelst
streichen,
du streichst, er strich
das **Streichholz**,
die Streichhölzer
streifen, du streifst
der **Streifen**, die Streifen
der **Streik**, die Streiks
streiken, du streikst
der **Streit**
streiten,
du streitest, er stritt
streng
der **Stress**
streuen, du streust
streunen, du streunst
der **Streuselkuchen**
er **strich** - streichen
der **Strich**, die Striche
stricheln, du strichelst
der **Strichpunkt**
der **Strick**, die Stricke
stricken, du strickst
die **Strickleiter**
er **stritt** - streiten
das **Stroh**
der **Strohhalm**
der **Strolch**, die Strolche
der **Strom**, die Ströme

102

S s

der **Stromkreis**
die **Strömung**, die Strömungen
die **Strophe**, die Strophen
der **Strudel**, die Strudel
der **Strumpf**, die Strümpfe
die **Strumpfhose**
struppig
die **Stube**, die Stuben
das **Stück**, die Stücke
der **Student**
die **Studentin**
studieren, du studierst
das **Studium**
die **Stufe**, die Stufen
der **Stuhl**, die Stühle
stumm
der **Stummfilm**
stumpf
die **Stunde**, die Stunden
die **Stundenkilometer**
stundenlang
stur
der **Sturm**, die Stürme
stürmen, du stürmst
der **Sturz**, die Stürze
stürzen, du stürzt
der **Sturzhelm**
die **Stute**, die Stuten
stützen, du stützt
stutzig
das **Styropor**
das **Subjekt**, die Subjekte
das **Substantiv**, die Substantive
subtrahieren, du subtrahierst
die **Subtraktion**, die Subtraktionen

suchen, du suchst
süchtig
der **Süden**
südlich
die **Südsee**
die **Sultanine**, die Sultaninen
die **Sülze**, die Sülzen
der **Summand**, die Summanden
die **Summe**, die Summen
summen, du summst
der **Sumpf**, die Sümpfe
die **Sünde**, die Sünden
super
der **Supermarkt**, die Supermärkte
die **Suppe**, die Suppen
das **Surfbrett** (sprich: *sörfbret*), die Surfbretter
surfen (sprich: *sörfen*), du surfst
süß
die **Süßigkeit**, die Süßigkeiten
der **Swimmingpool**, die Swimmingpools
sympathisch
die **Szene**, die Szenen

T t

	t (Abkürzung für Tonne)
der	**Tabak**, die Tabake
die	**Tabelle**, die Tabellen
das	**Tablett**, die Tabletts (auf dem Tablett tragen)
die	**Tablette**, die Tabletten (eine Tablette nehmen)
der	**Tacho** (Abkürzung für Tachometer), die Tachos
	tadeln, du tadelst
die	**Tafel**, die Tafeln
der	**Tag**, die Tage
	tagelang
die	**Tageszeit**
	täglich
der	**Takt**, die Takte
das	**Tal**, die Täler
das	**Talent**, die Talente
der	**Talisman**, die Talismane
der	**Talkmaster** (sprich: *tokmaster*), die Talkmaster
die	**Talkshow** (sprich: *tokscho*), die Talkshows
das	**Tamburin**, die Tamburine
das	**Tandem**, die Tandems
der	**Tank**, die Tanks
	tanken, du tankst
der	**Tankwart**
die	**Tanne**, die Tannen
die	**Tante**, die Tanten
der	**Tanz**, die Tänze
	tanzen, du tanzt
der	**Tänzer**
die	**Tänzerin**
die	**Tapete**, die Tapeten
	tapezieren, du tapezierst
	tapfer
sich	**tarnen**, du tarnst dich
die	**Tasche**, die Taschen
der	**Taschenrechner**
das	**Taschentuch**, die Taschentücher
die	**Tasse**, die Tassen
die	**Tastatur**, die Tastaturen
die	**Taste**, die Tasten
	tasten, du tastest
er	**tat** - tun
die	**Tat**, die Taten
	tätig
die	**Tätigkeit**, die Tätigkeiten
das	**Tätigkeitswort**, die Tätigkeitswörter
die	**Tatsache**, die Tatsachen
	tatsächlich
die	**Tatze**, die Tatzen
der	**Tau** (Tau auf dem Gras)
das	**Tau**, die Taue (am Tau ziehen)
	taub
die	**Taube**, die Tauben
die	**Taubnessel**
	tauchen, du tauchst
der	**Taucheranzug**, die Taucheranzüge
	tauen, es taut
die	**Taufe**, die Taufen
	taufen, du wirst getauft
	tauschen, du tauschst
	täuschen, du täuschst
	tausend
das	**Tauwetter**
das	**Tauziehen**
das	**Taxi**, die Taxis
das	**Team** (sprich: *tiim*), die Teams

T t

die	**Technik**, die Techniken
der	**Techniker**
die	**Technikerin**
der	**Teddy**, die Teddys
der	**Teddybär**
der	**Tee**, die Tees
der	**Teer**
der	**Teich**, die Teiche (der Fischteich)
der	**Teig**, die Teige (der Brotteig)
	teilen, du teilst
der	**Teilnehmer**
die	**Teilnehmerin**
	teilweise
das	**Telefax**, die Telefaxe
das	**Telefon**, die Telefone
	telefonieren, du telefonierst
das	**Telegramm**
der	**Teller**, die Teller
der	**Tempel**, die Tempel
das	**Temperament**
die	**Temperatur**, die Temperaturen
das	**Tempo**, die Tempos, auch: die Tempi
das	**Tennis**
das	**Tennisspiel**
der	**Tenor**, die Tenöre
der	**Teppich**, die Teppiche
der	**Termin**, die Termine
die	**Terrasse**, die Terrassen
der	**Terror**
der	**Test**, die Tests
das	**Testament**
	testen, du testest
	teuer
der	**Teufel**, die Teufel
der	**Text**, die Texte

das	**Theater**, die Theater
die	**Theke**, die Theken
das	**Thema**, die Themen, auch: die Themata
die	**Therapie**, die Therapien
das	**Thermometer**
das	**Thermostat**
der	**Thron**, die Throne
der	**Thunfisch**, auch: der Tunfisch
	Thüringen
der	**Tick**, die Ticks
	ticken, es tickt
das	**Ticket**, die Tickets
	tief
	tiefgekühlt
das	**Tier**, die Tiere
der	**Tierarzt**, die Tierärzte
der	**Tiger**, die Tiger
die	**Tinte**, die Tinten
der	**Tintenfisch**
der	**Tipp**, die Tipps (einen Tipp geben)
	tippen, du tippst
	tipptopp
der	**Tisch**, die Tische
die	**Tischdecke**
das	**Tischtennis**
der	**Titel**, die Titel
der	**Toast**, die Toasts
	toben, du tobst
die	**Tochter**, die Töchter
der	**Tod**
	tödlich
das	**Tohuwabohu**
die	**Toilette**, die Toiletten
	tolerant
	toll

T t

der **Tollpatsch**
die **Tomate**, die Tomaten
die **Tombola**, die Tombolas
der **Ton**, die Tone
(eine Figur aus Ton)
der **Ton**, die Töne (ein hoher Ton)
tönen, es tönt
die **Tonne**, die Tonnen
der **Topf**, die Töpfe
topfit
der **Tor** (der Tor im Märchen)
das **Tor**, die Tore (ein Tor schießen)
torkeln, du torkelst
die **Torte**, die Torten
der **Torwart**
tot
total
totenblass
totenstill
sich **totlachen**, du lachst dich tot
die **Tour**, die Touren
der **Tourist**
die **Touristin**
traben, du trabst
die **Tracht**, die Trachten
sie **traf** - treffen
der **Trafo**, die Trafos
träg, auch: träge
tragen, du trägst, er trug
tragisch
du **trägst** - tragen
der **Trainer** (sprich: *träner*)
die **Trainerin** (sprich: *tränerin*)
trainieren (sprich: *träniiren*),
du trainierst
das **Training** (sprich: *träning*),
die Trainings

der **Traktor**, die Traktoren,
auch: der Trecker
die **Tram**, auch: die Trambahn
trampeln, du trampelst
trampen (sprich: *trämpen*),
du trampst
das **Trampolin**, die Trampolins
die **Träne**, die Tränen
sie **trank** - trinken
transportieren,
du transportierst
er **trat** - treten
die **Traube**, die Trauben
der **Traubenzucker**
sich **trauen**, du traust dich
trauern, du trauerst
der **Traum**, die Träume
träumen, du träumst
traurig
der **Trecker**, die Trecker,
auch: der Traktor
treffen, du triffst, sie traf
der **Treffer**, die Treffer
der **Treffpunkt**
treiben, du treibst, er trieb
trennen, du trennst
die **Treppe**, die Treppen
der **Tresor**, die Tresore
treten, du trittst, er trat
treu
die **Treue**
der **Triangel**
die **Tribüne**, die Tribünen
der **Trichter**, die Trichter
der **Trick**, die Tricks
tricksen, du trickst
er **trieb** - treiben

107

T t

du	**triffst**	- treffen
das	**Trikot**, die Trikots	
	trillern, du trillerst	
der	**Trimm-dich-Pfad**	
	trinken, du trinkst, sie trank	
das	**Trinkwasser**	
	trippeln, du trippelst	
du	**trittst** - treten	
	trocken	
	trocknen, du trocknest	
	trödeln, du trödelst	
die	**Trommel**, die Trommeln	
	trommeln, du trommelst	
die	**Trompete**, die Trompeten	
	tröpfeln, es tröpfelt	
	tropfen, es tropft	
der	**Tropfen**, die Tropfen	
	tropfnass	
die	**Tropfsteinhöhle**	
	trösten, du tröstest	
der	**Trottel**	
	trotz	
	trotzdem	
der	**Trotzkopf**, die Trotzköpfe	
	trüb, auch: trübe	
der	**Trubel**	
er	**trug** - tragen	
die	**Truhe**, die Truhen	
die	**Trümmer**	
der	**Truthahn**	
die	**Tschechische Republik**	
	tschüs, auch: tschüss	
das	**T-Shirt** (sprich: *tiischört*), die T-Shirts	
die	**Tube**, die Tuben	
das	**Tuch**, die Tücher	
	tüchtig	
	tückisch	
	tüfteln, du tüftelst	
die	**Tulpe**, die Tulpen	
sich	**tummeln**, du tummelst dich	
der	**Tumor**, die Tumore	
der	**Tümpel**, die Tümpel	
	tun, du tust, er tat	
der	**Tuner** (sprich: *tjuner*), die Tuner	
der	**Tunfisch**, auch: der Thunfisch	
der	**Tunnel**, die Tunnel, auch: die Tunnels	
die	**Tür**, die Türen	
der	**Turban**, die Turbane	
die	**Turbine**, die Turbinen	
der	**Türke**	
die	**Türkei**	
die	**Türkin**	
	türkis	
	türkisch	
die	**Türklinke**	
der	**Turm**, die Türme	
	turnen, du turnst	
der	**Turner**	
die	**Turnerin**	
die	**Turnhalle**, die Turnhallen	
das	**Turnier**, die Turniere	
der	**Turnschuh**, die Turnschuhe	
die	**Tusche**, die Tuschen	
	tuscheln, du tuschelst	
die	**Tüte**, die Tüten	
	tuten, du tutest	
der	**TÜV** (Abkürzung für Technischer Überwachungs-Verein)	
	TV (Abkürzung für Tele-Vision)	
der	**Typ**, die Typen (So ein Typ!)	
	typisch	

108

U u

die **U-Bahn**, die U-Bahnen
übel
üben, du übst

| über | |
| Über | |

überall
überdurchschnittlich
übereinander
überfahren,
du überfährst, er überfuhr
überfallen,
du überfällst, sie überfiel
übergeben,
du übergibst, er übergab
überhaupt
überholen, du überholst
überlegen, du überlegst
überlisten, du überlistest
übermorgen
übermütig
übernachten, du übernachtest
übernehmen,
du übernimmst, sie übernahm
überprüfen, du überprüfst
überqueren, du überquerst
überraschen, du überraschst
überrascht
überreden, du überredest
der **Überschlag**, die Überschläge
die **Überschrift**, die Überschriften
die **Überschwemmung**
übersehen,
du übersiehst, sie übersah
übersetzen, du übersetzt
die **Überstunde**, die Überstunden
übertreten,
du übertrittst, er übertrat

überzeugen, du überzeugst
das **U-Boot**, die U-Boote
übrig
übrigens
die **Übung**, die Übungen
das **Ufer**, die Ufer
das **Ufo**, die Ufos
die **Uhr**, die Uhren
die **Uhrzeit**
der **Uhu**, die Uhus
ulkig

| um | |
| Um | |

umdrehen,
du drehst dich um
umfallen,
du fällst um, sie fiel um
der **Umfang**, die Umfänge
die **Umfrage**, die Umfragen
die **Umgebung**, die Umgebungen
umgekehrt
der **Umhang**, die Umhänge
umher
umkehren, du kehrst um
umkippen, du kippst um
der **Umlaut**, die Umlaute
die **Umleitung**, die Umleitungen
der **Umschlag**, die Umschläge
umso
umsonst
umständlich
umtauschen, du tauschst um
der **Umweg**, die Umwege
die **Umwelt**
der **Umweltschutz**
umziehen,
du ziehst um, sie zog um

109

U u

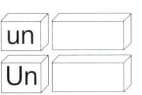

un
Un

- unbedingt
- unbequem
- und
- undeutlich
- unendlich
- unentwegt
- unerwartet
- unfähig
- unfair (sprich: *unfär*)
- der **Unfall**, die Unfälle
- der **Unfug**
- ungarisch
- Ungarn
- ungefähr
- das **Ungeheuer**, die Ungeheuer
- ungerade
- ungestüm
- das **Ungeziefer**
- ungezogen
- unglaublich
- das **Unglück**, die Unglücksfälle
- unglücklich
- unheimlich
- die **Uniform**, die Uniformen
- die **Universität**, die Universitäten
- unklar
- das **Unkraut**, die Unkräuter
- unmöglich
- das **Unrecht**
- unruhig
- uns
- unschuldig
- unser, unsere
- der **Unsinn**
- unten

unter
Unter

- die **Unterbrechung**
- unterdessen
- untereinander
- untergehen, du gehst unter, er ging unter
- sich **unterhalten**, du unterhältst dich, sie unterhielt sich
- der **Unterkiefer**
- der **Unterricht**
- unterscheiden, du unterscheidest, sie unterschied
- der **Unterschied**, die Unterschiede
- die **Unterschrift**
- untersuchen, du untersuchst
- die **Unterwäsche**
- unterwegs
- unverschämt
- das **Unwetter**, die Unwetter
- unzählig
- uralt
- der **Urenkel**
- die **Urenkelin**
- die **Urgroßeltern**
- der **Urin**
- die **Urkunde**, die Urkunden
- der **Urlaub**, die Urlaube
- die **Ursache**, die Ursachen
- das **Urteil**, die Urteile
- urteilen, du urteilst
- der **Urwald**, die Urwälder
- **USA** (Abkürzung für United States of America)
- die **UV-Strahlen**

V v

	vag, auch: vage
die	**Vagina**
der	**Vampir**, die Vampire
der	**Vanillepudding**
die	**Vase**, die Vasen
der	**Vater**, die Väter
das	**Vaterland**
das	**Vaterunser**
der	**Vegetarier**
die	**Vegetarierin**
das	**Vehikel**, die Vehikel
das	**Veilchen**, die Veilchen
die	**Vene**, die Venen
das	**Ventil**, die Ventile
der	**Ventilator**, die Ventilatoren

ver☐
Ver☐

sich	**verabreden**, du verabredest dich
sich	**verabschieden**, du verabschiedest dich
	verachten, du verachtest
die	**Veranda**, die Veranden
die	**Veranstaltung**, die Veranstaltungen
	verantwortlich
das	**Verb**, die Verben
er	**verband** - verbinden
der	**Verband**, die Verbände
der	**Verbandskasten**, die Verbandskästen
er	**verbarg** - verbergen
	verbergen, du verbirgst, er verbarg
	verbessern, du verbesserst
	verbieten, du verbietest, sie verbot

	verbinden, du verbindest, er verband
du	**verbirgst** - verbergen
sie	**verbot** - verbieten
das	**Verbot**, die Verbote
	verbrauchen, du verbrauchst
der	**Verbrecher**
der	**Verdacht**
	verdächtigen, du verdächtigst
	verdammt
es	**verdarb** - verderben
	verdauen, du verdaust
	verderben, es verdirbt, es verdarb
	verdienen, du verdienst
es	**verdirbt** - verderben
	verdoppeln, du verdoppelst
	verdorben
	verdorrt
	verdunkeln, du verdunkelst
	verdunsten, es verdunstet
die	**Verdunstung**
	verdutzt
der	**Verein**, die Vereine
	vereinbaren, du vereinbarst
sich	**verfahren**, du verfährst dich
du	**verfährst** dich - sich verfahren
	verflixt
	verfolgen, du verfolgst
sie	**vergab** - vergeben
die	**Vergangenheit**
er	**vergaß** - vergessen
	vergeben, du vergibst, sie vergab
	vergebens
	vergeblich

111

V v

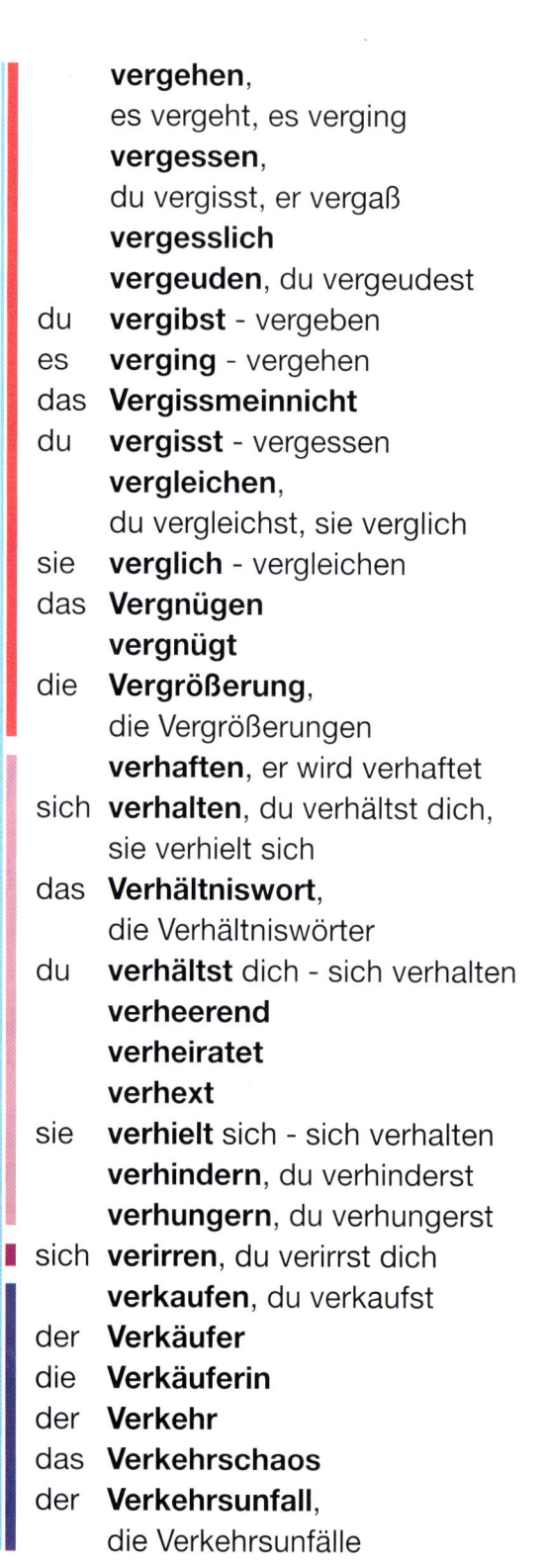

     vergehen,
     es vergeht, es verging
     vergessen,
     du vergisst, er vergaß
     vergesslich
     vergeuden, du vergeudest
du   **vergibst** - vergeben
es   **verging** - vergehen
das **Vergissmeinnicht**
du   **vergisst** - vergessen
     vergleichen,
     du vergleichst, sie verglich
sie   **verglich** - vergleichen
das **Vergnügen**
     vergnügt
die **Vergrößerung**,
     die Vergrößerungen
     verhaften, er wird verhaftet
sich **verhalten**, du verhältst dich,
     sie verhielt sich
das **Verhältniswort**,
     die Verhältniswörter
du   **verhältst** dich - sich verhalten
     verheerend
     verheiratet
     verhext
sie   **verhielt** sich - sich verhalten
     verhindern, du verhinderst
     verhungern, du verhungerst
sich **verirren**, du verirrst dich
     verkaufen, du verkaufst
der **Verkäufer**
die **Verkäuferin**
der **Verkehr**
das **Verkehrschaos**
der **Verkehrsunfall**,
     die Verkehrsunfälle

das **Verkehrszeichen**
     verkehrt
sich **verkleiden**, du verkleidest dich
     verkrampft
sich **verkriechen**,
     du verkriechst dich
der **Verlag**, die Verlage
     verlangen, du verlangst
     verlassen,
     du verlässt, sie verließ
du   **verlässt** - verlassen
sich **verlaufen**,
     du verläufst dich, er verlief sich
du   **verläufst** dich - sich verlaufen
     verleihen,
     du verleihst, sie verlieh
     verletzen, du verletzt
sich **verletzen**, du verletzt dich
die **Verletzung**, die Verletzungen
er   **verlief** sich - sich verlaufen
sie   **verlieh** - verleihen
     verlieren, du verlierst, er verlor
sie   **verließ** - verlassen
die **Verlobung**
er   **verlor** - verlieren
     verloren
die **Verlosung**, die Verlosungen
der **Verlust**
     vermehren, du vermehrst
     vermeiden,
     du vermeidest, sie vermied
sie   **vermied** - vermeiden
     vermieten, du vermietest
     vermissen, du vermisst
das **Vermögen**
     vermuten, du vermutest
     vermutlich

V v

	vernünftig
	verpacken, du verpackst
die	**Verpackung**,
	die Verpackungen
	verpassen, du verpasst
	verpetzen, du verpetzt
der	**Verputz**
	verraten,
	du verrätst, er verriet
du	**verrätst** - verraten
sich	**verrechnen**,
	du verrechnest dich
	verreisen, du verreist
	verrenken, du verrenkst
er	**verriet** - verraten
	verrückt
der	**Vers**, die Verse
	(Verse im Gedicht)
	versagen, du versagst
die	**Versammlung**
das	**Versandhaus**,
	die Versandhäuser
die	**Versandkosten**
	versäumen, du versäumst
	verschenken, du verschenkst
	verscheuchen,
	du verscheuchst
	verschieden
	verschlafen,
	du verschläfst, sie verschlief
du	**verschläfst** - verschlafen
sie	**verschlief** - verschlafen
	verschließen,
	du verschließt, er verschloss
er	**verschloss** - verschließen
sie	**verschwand** - verschwinden

	verschwenden,
	du verschwendest
	verschwinden,
	du verschwindest,
	sie verschwand
	versehentlich
die	**Versicherung**,
	die Versicherungen
	versickern, es versickert
sich	**versöhnen**, du versöhnst dich
	verspätet
die	**Verspätung**, die Verspätungen
er	**versprach** - versprechen
	versprechen,
	du versprichst, er versprach
du	**versprichst** - versprechen
sie	**verstand** - verstehen
der	**Verstand**
	verständlich
	verstauchen, du verstauchst
das	**Versteck**, die Verstecke
	verstecken, du versteckst
	verstehen,
	du verstehst, sie verstand
	versuchen, du versuchst
	vertauschen, du vertauschst
	verteidigen, du verteidigst
der	**Verteidiger**, die Verteidiger
der	**Vertrag**, die Verträge
sich	**vertragen**, du verträgst dich,
	er vertrug sich
du	**verträgst** dich - sich vertragen
	vertrauen, du vertraust
	vertraulich
	verträumt
der	**Vertreter**
die	**Vertreterin**

113

V v

er	**vertrug** sich - sich vertragen
	verurteilen, du verurteilst
	vervielfachen, du vervielfachst
sich	**verwandeln**,
	du verwandelst dich
	verwandt
die	**Verwandten**
die	**Verwandtschaft**
	verwechseln, du verwechselst
der	**Verweis**, die Verweise
	verwelken, sie verwelkt
	verwirrt
	verwöhnen, du verwöhnst
	verwundert
	verzaubern, du verzauberst
	verzaubert
	verzehren, du verzehrst
das	**Verzeichnis**, die Verzeichnisse
	verzeihen,
	du verzeihst, er verzieh
	verzichten, du verzichtest
er	**verzieh** - verzeihen
	verzieren, du verzierst
	verziert
	verzweifeln, du verzweifelst
	verzwickt
	vespern, du vesperst
der	**Vetter**, die Vettern
das	**Video**, die Videos
der	**Videoclip**, die Videoclips
der	**Videorekorder**,
	auch: der Videorecorder
die	**Videothek**
das	**Vieh**
	viel, mehr, am meisten
	vielfach
	vielleicht

	vier, viermal
das	**Viereck**
	vierzehn
	vierzig
die	**Villa**, die Villen
	violett
die	**Violine**, die Violinen
die	**Viper**, die Vipern
der	**Virus**, auch: das Virus, die Viren
das	**Visum**, die Visa, auch: die Visen
	vital
das	**Vitamin**, die Vitamine
der	**Vogel**, die Vögel
die	**Vokabel**, die Vokabeln
der	**Vokal**, die Vokale
das	**Volk**, die Völker
	voll
der	**Volleyball**, die Volleybälle
	völlig
	vollkommen
	vollständig
	vollzählig
	voltigieren, du voltigierst
	vom (von dem)
	von
	voneinander
	vor
	Vor
	voran
	voraus
	voraussichtlich
	vorbei
	vorbeikommen, du kommst vorbei, er kam vorbei
	vorbereiten, du bereitest vor
das	**Vorbild**, die Vorbilder
	voreinander

V v

vorerst
die **Vorfahren**
die **Vorfahrt**
das **Vorfahrtzeichen**
vorgestern
vorhanden
der **Vorhang**, die Vorhänge
vorher
vorhin
vorige, voriger
vorläufig
vorlaut
vorlesen,
du liest vor, sie las vor
vormachen, du machst vor
der **Vormittag**, die Vormittage
vormittags
vorn, auch: vorne
der **Vorname**, die Vornamen
vornehm
vornüber
der **Vorort**, die Vororte
der **Vorrat**, die Vorräte
vorsagen, du sagst vor
der **Vorsatz**, die Vorsätze
der **Vorschlag**, die Vorschläge
vorschlagen,
du schlägst vor, er schlug vor
die **Vorschrift**, die Vorschriften
die **Vorsicht**
vorsichtig
die **Vorsilbe**, die Vorsilben
der **Vorsprung**, die Vorsprünge
der **Vorstand**, die Vorstände
vorstellen, du stellst vor
die **Vorstellung**,
die Vorstellungen

der **Vorteil**, die Vorteile
der **Vortrag**, die Vorträge
vorüber
die **Vorwahl**
vorwärts
vorwiegend
der **Vorwurf**, die Vorwürfe
der **Vulkan**, die Vulkane

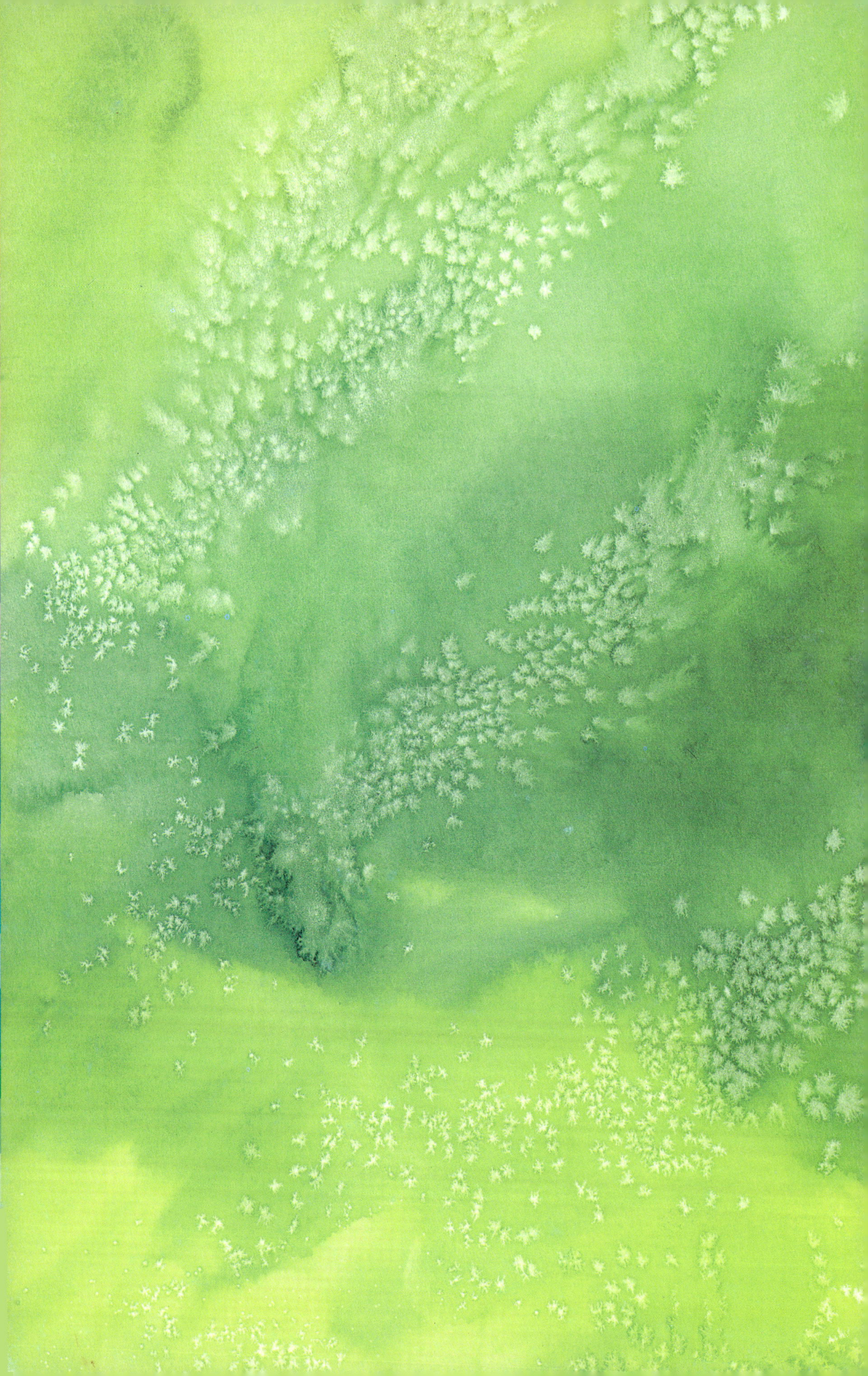

W w

die **Waage**, die Waagen
waagrecht,
auch: waagerecht
die **Wabe**, die Waben
wach
wachen, du wachst
das **Wachs**
wachsam
wachsen,
du wächst, er wuchs
du **wächst** - wachsen
wackeln, du wackelst
die **Wade**, die Waden
der **Wadenkrampf**,
die Wadenkrämpfe
die **Waffe**, die Waffen
die **Waffel**, die Waffeln
wagen, du wagst
der **Wagen**, die Wagen
der **Waggon**, die Waggons
auch: der Wagon,
die Wagons
waghalsig
die **Wahl**, die Wahlen
(Klassensprecherwahl)
wählen, du wählst
wahnsinnig
wahr
(eine wahre Geschichte)
während
die **Wahrheit**, die Wahrheiten
wahrscheinlich
die **Waise**, die Waisen
der **Wal**, die Wale
(Wale sind Säugetiere.)
der **Wald**, die Wälder

der **Walkman** (sprich: *wokmän*),
die Walkmans,
auch: die Walkmen
wallfahren, du wallfahrst
die **Walnuss**, die Walnüsse
walzen, du walzt
wälzen, du wälzt
die **Wand**, die Wände
der **Wanderer**, die Wanderer
wandern, du wanderst
die **Wanderung**,
die Wanderungen
sie **wandte an** - anwenden
die **Wange**, die Wangen
wann
die **Wanne**, die Wannen
das **Wappen**, die Wappen
ich **war** - sein (Ich war im Haus.)
sie **warb** - werben
die **Ware**, die Waren
sie **warf** - werfen
warm, wärmer,
am wärmsten
das **Warndreieck**
warnen, du warnst
warten, du wartest
der **Wärter**, die Wärter
das **Wartezimmer**
warum
die **Warze**, die Warzen
was
die **Wäsche**
waschen,
du wäschst, sie wusch
der **Waschlappen**
die **Waschmaschine**
du **wäschst** - waschen

W w

- das **Wasser**
- der **Wasserhahn**, die Wasserhähne
- **waten**, du watest
- **watscheln**, du watschelst
- die **Watte**
- das **WC**
- **weben**, du webst
- der **Webrahmen**
- das **Wechselgeld**
- **wechseln**, du wechselst
- **wecken**, du weckst
- der **Wecker**, die Wecker
- **wedeln**, du wedelst
- **weder**
- weg
- der **Weg**, die Wege
- **wegen**
- **wegfahren**, du fährst weg, sie fuhr weg
- **weggehen**, du gehst weg, sie ging weg
- **weglaufen**, du läufst weg, er lief weg
- **wegnehmen**, du nimmst weg, sie nahm weg
- der **Wegweiser**
- **wegwerfen**, du wirfst weg, er warf weg
- **wehen**, er weht
- der **Wehrdienst**
- sich **wehren**, du wehrst dich
- **weiblich**
- **weich**
- die **Weiche**, die Weichen
- die **Weide**, die Weiden
- sich **weigern**, du weigerst dich
- **weihen**
- der **Weiher**, die Weiher
- **Weihnachten**
- die **Weihnachtszeit**
- das **Weihwasser**
- **weil**
- die **Weile**
- der **Wein**, die Weine
- **weinen**, du weinst
- die **Weinlese**
- der **Weinstock**, die Weinstöcke
- die **Weintraube**
- **weise** (klug und weise)
- **weiß** (weiße Farbe)
- ich **weiß** - wissen
- der **Weiße Sonntag**
- du **weißt** - wissen
- **weit**
- **weiter**
- **weiterfahren**, du fährst weiter, sie fuhr weiter
- **weitergehen**, du gehst weiter, er ging weiter
- der **Weitsprung**
- der **Weizen**
- **welch**, welche, welcher, welches
- **welk**
- die **Welle**, die Wellen
- der **Wellensittich**
- der **Welpe**, die Welpen
- die **Welt**
- das **Weltall**
- der **Weltmeister**
- die **Weltmeisterschaft**
- der **Weltraum**
- die **Wende**

118

W w

	wenden, du wendest
	wenig
	wenigstens
	wenn
	wer, wem, wen
	werben, du wirbst, sie warb
die	**Werbung**
	werden, du wirst, er wurde
	werfen, du wirfst, sie warf
die	**Werft**, die Werften
das	**Werk**, die Werke
die	**Werkstatt**, die Werkstätten
der	**Werktag**
	werktags
das	**Werkzeug**
	wert
der	**Wert**, die Werte
	wertvoll
	wesentlich
die	**Weser**
	weshalb
die	**Wespe**, die Wespen
die	**Weste**, die Westen
der	**Westen**
der	**Western**
	westfälisch
	westlich
die	**Wette**, die Wetten
	wetten, du wettest
das	**Wetter**
der	**Wetterbericht**
die	**Wettervorhersage**
der	**Wettkampf**, die Wettkämpfe
das	**Wettrennen**
	wetzen, du wetzt
der	**Wicht**, die Wichte
	wichtig

	wickeln, du wickelst
	wider (gegen)
	widerlich
die	**Widerrede**, die Widerreden
	widersprechen, du widersprichst, sie widersprach
	wie
	wieder (nochmal)
	wiederholen, du wiederholst
auf	**Wiedersehen**
die	**Wiege**, die Wiegen
	wiegen, du wiegst, er wog
	wiehern, du wieherst
die	**Wiese**, die Wiesen
	wieso
	wild
ich	**will** - wollen
	willkommen
du	**willst** - wollen
	wimmeln, es wimmelt
	wimmern, du wimmerst
der	**Wimpel**, die Wimpel
die	**Wimper**, die Wimpern
der	**Wind**, die Winde
die	**Windel**, die Windeln
die	**Windjacke**
die	**Windschutzscheibe**
der	**Winkel**, die Winkel
der	**Winkelmesser**
	winken, du winkst
	winseln, du winselst
der	**Winter**
	winterlich
der	**Winterschlaf**
der	**Winzer**

W w

die	**Winzerin**	
	winzig	
der	**Wipfel**, die Wipfel	
die	**Wippe**, die Wippen	
	wippen, du wippst	
	wir	
der	**Wirbel**, die Wirbel	
die	**Wirbelsäule**	
du	**wirbst** - werben	
es	**wird** - werden	
du	**wirfst** - werfen	
	wirken, du wirkst	
	wirklich	
	wirr	
der	**Wirsing**	
du	**wirst** - werden	
der	**Wirt**	
die	**Wirtin**	
die	**Wirtschaft**	
das	**Wirtshaus**, die Wirtshäuser	
	wischen, du wischst	
	wispern, du wisperst	
	wissen, du weißt, sie wusste	
	wittern, er wittert	
die	**Witterung**	
die	**Witwe**	
der	**Witwer**	
der	**Witz**, die Witze	
der	**Witzbold**	
	witzig	
	wo	
	woanders	
	wobei	
die	**Woche**, die Wochen	
	wochenlang	
	wöchentlich	

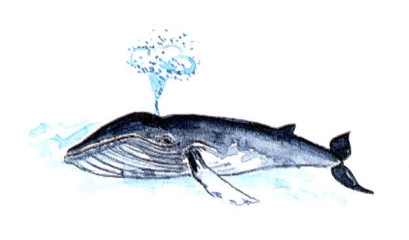

	wofür	
er	**wog** - wiegen	
	woher	
	wohin	
	wohl	
	wohlhabend	
	wohnen, du wohnst	
	wohnlich	
der	**Wohnort**, die Wohnorte	
die	**Wohnung**, die Wohnungen	
der	**Wohnwagen**	
das	**Wohnzimmer**	
der	**Wolf**, die Wölfe	
die	**Wolke**, die Wolken	
	wolkig	
die	**Wolle**	
	wollen, du willst	
	womit	
	woraus	
das	**Wort**, die Wörter	
das	**Wörterbuch**, die Wörterbücher	
die	**Wortfamilie**	
	wörtlich	
	worüber	
	wozu	
das	**Wrack**, die Wracks	
er	**wuchs** - wachsen	
	wuchtig	
	wühlen, du wühlst	
	wund	
die	**Wunde**, die Wunden	
das	**Wunder**, die Wunder	
	wunderbar	
sich	**wundern**, du wunderst dich	
der	**Wunsch**, die Wünsche	

W w

	wünschen, du wünschst
er	**wurde** - werden
der	**Wurf**, die Würfe
der	**Würfel**, die Würfel
	würfeln, du würfelst
der	**Wurm**, die Würmer
	wurmstichig
die	**Wurst**, die Würste
das	**Würstchen**, die Würstchen
	württembergisch
die	**Wurzel**, die Wurzeln
	würzen, du würzt
sie	**wusch** - waschen
	wuschlig, auch: wuschelig
sie	**wusste** - wissen
die	**Wüste**, die Wüsten
die	**Wut**
	wütend

X x Y y

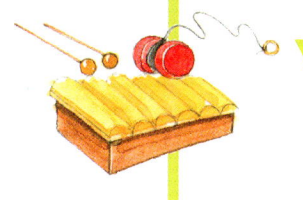

- die **X-Beine**
  x-beinig, auch: X-beinig
  x-beliebig
  x-fach
  x-mal
- das **Xylophon**, die Xylophone,
  auch: das Xylofon,
  die Xylofone

- die **Yacht**, die Yachten,
  auch: die Jacht
- das **Yoga**, auch: der Yoga,
  auch: Joga
- das **Yo-Yo**, auch: das Jo-Jo
- das **Ypsilon**, die Ypsilons

Z z

die **Zacke**, die Zacken
zaghaft
zäh
die **Zahl**, die Zahlen
zahlen, du zahlst
zählen, du zählst
zahllos
zahlreich
das **Zahlwort**, die Zahlwörter
zahm
der **Zahn**, die Zähne
der **Zahnarzt**, die Zahnärzte
die **Zahnärztin**
die **Zahnbürste**
die **Zahnpasta**,
auch: die Zahnpaste,
die Zahnpasten
der **Zahnschmerz**
die **Zange**, die Zangen
sich **zanken**, du zankst dich
das **Zäpfchen**, die Zäpfchen
zapfen, du zapfst
der **Zapfen**, die Zapfen
die **Zapfsäule**, die Zapfsäulen
zappeln, du zappelst
zapplig, auch: zappelig
zart
zärtlich
die **Zauberei**, die Zaubereien
der **Zauberer**, auch: der Zaubrer
die **Zauberin**,
auch: die Zaubrerin
zaubern, du zauberst
der **Zaun**, die Zäune
das **Zebra**, die Zebras
der **Zebrastreifen**
die **Zeche**, die Zechen

die **Zecke**, die Zecken
der **Zeh**, auch: die Zehe,
die Zehen
die **Zehenspitze**
zehn, zehnmal
das **Zehnpfennigstück**
das **Zeichen**, die Zeichen
der **Zeichenblock**,
die Zeichenblocks
zeichnen, du zeichnest
die **Zeichnung**, die Zeichnungen
der **Zeigefinger**
zeigen, du zeigst
die **Zeile**, die Zeilen
die **Zeit**, die Zeiten
die **Zeitschrift**, die Zeitschriften
die **Zeitung**, die Zeitungen
der **Zeitvertreib**
das **Zeitwort**, die Zeitwörter
die **Zelle**, die Zellen
das **Zelt**, die Zelte
zelten, du zeltest
der **Zement**
zensieren, du zensierst
die **Zensur**, die Zensuren
der **Zentimeter**, die Zentimeter
der **Zentner**, die Zentner
zentral
die **Zentrale**, die Zentralen
zer
Zer
sie **zerbrach** - zerbrechen
zerbrechen,
du zerbrichst, sie zerbrach
du **zerbrichst** - zerbrechen
zerfetzt
zerknirscht

125

Z z

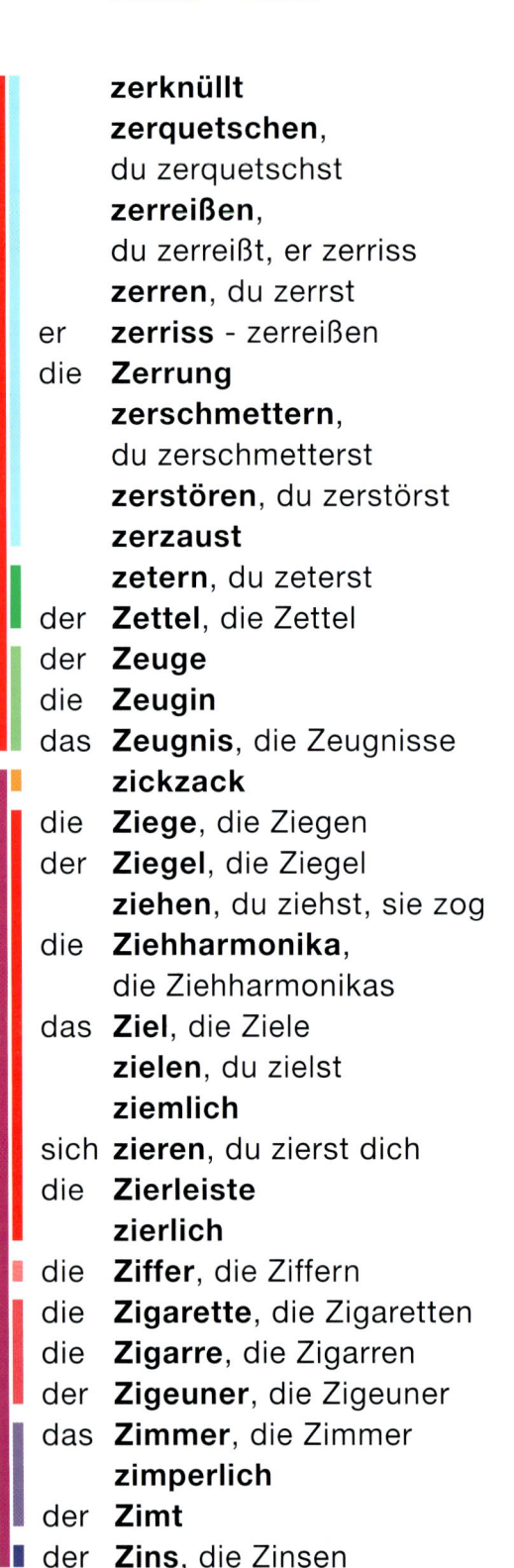

      zerknüllt
      zerquetschen,
      du zerquetschst
      zerreißen,
      du zerreißt, er zerriss
      zerren, du zerrst
er **zerriss** - zerreißen
die **Zerrung**
      zerschmettern,
      du zerschmetterst
      zerstören, du zerstörst
      zerzaust
      zetern, du zeterst
der **Zettel**, die Zettel
der **Zeuge**
die **Zeugin**
das **Zeugnis**, die Zeugnisse
      zickzack
die **Ziege**, die Ziegen
der **Ziegel**, die Ziegel
      ziehen, du ziehst, sie zog
die **Ziehharmonika**,
      die Ziehharmonikas
das **Ziel**, die Ziele
      zielen, du zielst
      ziemlich
sich **zieren**, du zierst dich
die **Zierleiste**
      zierlich
die **Ziffer**, die Ziffern
die **Zigarette**, die Zigaretten
die **Zigarre**, die Zigarren
der **Zigeuner**, die Zigeuner
das **Zimmer**, die Zimmer
      zimperlich
der **Zimt**
der **Zins**, die Zinsen

die **Zipfelmütze**,
      die Zipfelmützen
      zirka, auch: circa
der **Zirkus**, die Zirkusse,
      auch: der Circus
      zirpen, es zirpt
      zischen, du zischst
die **Zitrone**, die Zitronen
      zittern, du zitterst
      zittrig, auch: zitterig
die **Zitze**, die Zitzen
der **Zivi**, die Zivis (Abkürzung für
      Zivildienstleistender)
sie **zog** - ziehen
      zögern, du zögerst
der **Zoll**, die Zölle
der **Zoo**, die Zoos
der **Zopf**, die Zöpfe
der **Zorn**
      zornig
      zottlig, auch: zottelig
      zu
      Zu
      zuallererst
      züchten, du züchtest
      zucken, du zuckst
der **Zucker**
die **Zudecke**, die Zudecken
      zudecken, du deckst zu
      zueinander
      zuerst
die **Zufahrt**, die Zufahrten
der **Zufall**, die Zufälle
      zufällig
      zufrieden
      zufrieren,
      es friert zu, es fror zu

Z z

der	**Zug**, die Züge
	zugeben,
	du gibst zu, er gab zu
der	**Zügel**, die Zügel
	zugleich
	zu Haus, auch: zu Hause
	zuhören, du hörst zu
der	**Zuhörer**, die Zuhörer
die	**Zukunft**
	zuletzt
	zuliebe
	zum (zu dem)
	zumachen, du machst zu
	zum Beispiel
	zumeist
	zumindest
	zumuten, du mutest zu
	zunächst
der	**Zuname**, die Zunamen
	zündeln, du zündelst
das	**Zündholz**, die Zündhölzer
	zünftig
die	**Zunge**, die Zungen
	zupfen, du zupfst
	zur (zu der)
	zurück
	zurückgehen, du gehst zurück, sie ging zurück
	zurückkommen, du kommst zurück, er kam zurück
	zusammen
	zusätzlich
	zuschauen, du schaust zu
der	**Zuschauer**
die	**Zuschauerin**
die	**Zutaten**
	zutraulich

	zuverlässig
	zu viel
	zuvor
	zu wenig
	zuwider
er	**zwang** - zwingen
sich	**zwängen**, du zwängst dich
	zwanzig
	zwar
der	**Zweck**
	zweckmäßig
	zwei, zweimal
	zweierlei
	zweifach
	zweifeln, du zweifelst
der	**Zweig**, die Zweige
das	**Zweimarkstück**
das	**Zweipfennigstück**
das	**Zwerchfell**
der	**Zwerg**, die Zwerge
die	**Zwetsche**, die Zwetschen, auch: die Zwetschge oder die Zwetschke
	zwicken, du zwickst
der	**Zwieback**
die	**Zwiebel**, die Zwiebeln
der	**Zwilling**, die Zwillinge
	zwingen, du zwingst, er zwang
	zwinkern, du zwinkerst
der	**Zwirn**
	zwischen
	zwischendurch
	zwitschern, du zwitscherst
	zwölf, zwölfmal
der	**Zylinder**, die Zylinder
	zynisch

Wörter aus anderen Sprachen

a
äkschn	die **Action**

b
bänt	die **Band**
bebi	das **Baby**
beesch	**beige**
bludschiins	die **Bluejeans**

d
dschiins	die **Jeans**
dschiip	der **Jeep**
dschoggen	**joggen**
dschoker	der **Joker**
dschop	der **Job**

e
eds	das **Aids**
etaasche	die **Etage**

f
fän	der **Fan**
fänklub	der **Fanclub**
fär	**fair**
faul	das **Foul**
frissbi	das **Frisbee**

g
gäg	der **Gag**
gängster	der **Gangster**
grepfruut	die **Grapefruit**

h
haatwär	die **Hardware**
häppi	**happy**

i
inschenjör	der **Ingenieur**
inschenjörin	die **Ingenieurin**

k
kätschen	**catchen**
kauboi	der **Cowboy**
kauntdaun	der **Count-down**
kautsch	die **Couch**
klaun	der **Clown**
klike	die **Clique**
kluu	der **Clou**
körri	das **Curry**
körriwurst	die **Currywurst**
kusäng	der **Cousin**
kuul	**cool**
kuwär	das **Kuvert**

l
laif	**live**
laifsendung	die **Livesendung**

m
mätsch	das **Match**